≡ 昌明文庫‧悅讀歷史 ≡

一口氣讀懂
史記故事

中冊

劉曼麗———主編

目 錄

C O N T E N T S

還定三秦

不久，項羽和劉邦在鴻門會和。然後，項羽就自立為王，稱西楚霸王。隨後，項羽開始分封各個諸侯，封劉邦為漢王，都城為南鄭。項羽為了限制劉邦的勢力，又把關中地區分為三部分，並把這三部分賜給秦朝三個投降的將領。項羽封章邯做雍王，統轄咸陽以西一帶，都城為廢丘；封長史司馬欣做塞王，統轄咸陽以東到黃河一帶，都城為櫟陽；封都尉董翳做翟王，統轄上郡，都城為高奴。項羽通過這三個人來監督劉邦的舉動，並打消劉邦向東逃走的可能。

劉邦未能成為關中王，非常生氣。於是，劉邦決定和項羽大戰一場。劉邦手下許多將領如周勃、灌嬰、樊噲等人，都非常贊同攻打項羽。而蕭何卻不這麼認為，並對劉邦說：「眼下項羽正是兵力強盛的時候，如果您此時攻打項羽，無異於以卵擊石，必敗無疑。」蕭何極力反對攻打項羽，建議劉邦暫時居漢王之位。蕭何對劉邦說：「我建議大王在漢中立足，招兵買馬，發展勢力，一心經營巴蜀之地。等到兵強馬壯之時，再率軍攻打關中，與項羽作戰，並奪取天下。」

為了極大地限制劉邦的勢力，項羽極力地裁減劉邦軍隊的人數。不久，張良買通了項伯，並讓項伯從中周旋。這樣，項羽才勉強同意劉邦率領三萬士兵與蕭何、張良等人前去巴蜀。就這樣，劉邦忍辱負

重地到達了巴蜀，成為漢王。途中，劉邦聽從了張良的建議，燒毀了棧道，以表示自己絕對不再東進，從而讓項羽和關中諸王放鬆對自己的警惕之心。

事實很快證明，項羽的分王措施是極其不恰當的，各地的諸侯再次發動叛亂。齊將田榮沒有得到任何的賞賜，對項羽非常不滿，並首先起兵反抗項羽。田榮聯合彭越，共調集了數萬兵馬。田榮先打敗了齊王田都，然後南進殺死了膠東王田市，並率軍西進殺死了濟北王田安。然後，田榮吞併了三齊的封地，自稱齊王。隨後田榮用齊王之名，任命彭越為將軍，並命令彭越在梁地向項羽發起進攻。

劉邦進入漢中以後，馬上整頓軍紀，擴充軍隊，壯大實力，並積極儲備軍需用品，全面為進軍關中做準備。此時，劉邦很重要的一個決定是任命韓信為大將軍。擔任大將軍之職後，韓信開始為進軍關中積極地謀劃起來。韓信首先建議劉邦還定三秦。韓信指出，三個秦王章邯、董翳、司馬欣帶領幾十萬秦朝士兵投降楚，但大部分人被坑殺了。但是章邯、董翳、司馬欣三個人不但沒有被殺，反而被封為王。於是，關中百姓非常憎恨這三個人，絕對不會再次支持他們了。但是漢王進入武關和關中，不准侵擾百姓，並約法三章。因此，您的仁慈已經深入民心了。關中父老都對您沒有被封為關中王而氣憤不已，早就盼望您進軍關中了。所以，只要您率軍東進。就可以憑藉一檄文書平定三秦。」劉邦聽完韓信的分析，覺得合情合理，就完全接受了韓信的建議，還與韓信有一種相見恨晚的感覺。

劉邦為迷惑敵人，命人修理被毀壞的棧道。事實上，劉邦則率軍

從南鄭出發，途徑險隘的故道，一路上望風披靡。劉邦等人很快抵達了陳倉，並對陳倉發動突然襲擊，不久就攻克了陳倉。此時，章邯也意識到情況不妙，馬上徵調軍隊前往陳倉。樊噲則率軍猛烈攻擊章邯的軍隊，並打敗了章邯。

章邯覺得情況對自己十分不利，就兵分兩路向廢丘和好時撤退。漢軍則兵分兩路前去追擊，曹參追擊章平。雙方在好時城南展開激戰，章平戰敗，並退守好時城等待救援。不久，漢軍就開始圍攻好時城。正當漢軍圍攻好時的時候，司馬欣派手下將軍趙賁率兵支持廢丘，董翳軍也急速趕往涇水地區。章邯得到援軍以後，就率軍沿渭水向西進發。不久，章邯與漢軍在壤鄉（今陝西武功東南）附近地區展開激戰。經過這些戰役，三秦軍大敗，章邯只好帶領殘兵敗將再次退守廢丘。

當漢軍與三秦軍大戰時，曹參留周勃軍等人對好時圍攻，自己則立即率所有部下前往迎擊三秦軍；擊破三秦軍後，復又轉向好時。此時，樊噲軍也轉進到好時與曹參等部會師。韓信率軍到達以後，統一指揮對好時的圍攻之戰。樊噲率軍率先登城以後，漢軍其它各部也紛紛登上好時城。章平見無法繼續作戰，只能被迫撤出好時城。然後，章平帶領殘兵向北地撤退。就這樣，漢軍攻佔了好時城。

隨後，曹參讓樊噲率部攻打廢丘，並從自己的所屬部隊中抽出一部分攻打咸陽。雍軍中駐守咸陽的趙賁和內史保等部率軍迎戰曹參。曹參擊敗了他們並攻佔了咸陽，隨後進駐景陵。前來支持廢丘的塞王司馬欣派主力反攻曹參駐守的景陵。雙方展開激戰，曹參獲勝。章平

等人率兵向西節節敗退，曹參率軍乘勝追擊。章平得到章邯及翟王所派援兵的支持以後，在漆地反擊漢軍。漢軍的處境很艱難，甚至到了力不能支的局面。在這萬分危急的時刻，周勃率援軍趕到漆地。周勃軍從北面進攻漆地，一舉擊敗了章平、姚卬的軍隊。隨後，周勃又向西平定了汧隴，並攻下了弰膩和頻陽，然後就率軍加入廢丘的圍攻戰中。

當時，灌嬰率軍攻打塞國都城櫟陽，塞王司馬欣派主力支持雍軍但失敗了。而且，司馬欣因為備戰不足，也無心應戰，最終投降了漢軍。不久，靳歙率軍打敗了隴西方面的雍軍，並平定了隴西的所屬各縣。

隨後，酈商率軍打敗了雍軍將領周類駐守的烏氏、旬邑、泥陽等地。不久，酈商又帶兵平定了了北地郡所管轄的各縣。而且，酈商在攻下北地郡的時候，還俘虜了雍軍將領章平。

漢軍兵分多路向關中進發，不久漢軍就到達上郡。而翟王董翳不敵漢軍，於是投降漢軍。這樣，三秦屬地基本被漢軍平定了。於是，漢軍轉而集中圍攻廢丘。雍王章邯退守廢丘以後，就率軍拼命抵抗，致使漢軍久久攻不下廢丘。這時，漢軍在關中已經取得了諸多勝利。於是，劉邦覺得眼下要緊的就是揮軍東進。然而，又需要留下大量軍隊繼續圍攻雍國都城廢丘。為避免發生意外，劉邦很快調整了軍隊部署策略。劉邦命韓信率領強大的主力軍隊繼續圍攻廢丘，而劉邦自己則率領部分軍隊出關擴大勝利。

西元前二〇五年六月，廢丘城攻守戰已經持續了十個多月，韓信

認為章邯雍軍十分頑強，不採取某些特殊措施就無法攻下廢丘。而東進的漢軍也面臨嚴重的困難，甚至全軍覆沒。於是，劉邦就率軍回到了剛剛攻佔的塞國都城櫟陽，而廢丘城仍然屬於章邯管轄。劉邦與韓信商量之後，決定用渭水灌城，以此來結束廢丘之戰，進一步鞏固關中的根據地。劉邦命令樊噲挖開渭水河堤，引水衝擊城垣。很快，廢丘城牆倒塌，漢軍趁機攻入城中。章邯見漢兵進城來勢兇猛，就自殺了。於是，漢軍就攻下了廢丘，雍國屬地也全部被漢軍平定了。至此，關中地區已經全部被漢軍控制了。

這樣，僅僅在劉邦被迫進入漢中四個月之後，劉邦就如願以償地成了關中王。

漢王斗智

　　劉邦還定三秦之後，就開始了與項羽長達四年的楚漢之爭。這時，彭越被齊王田榮任命為將軍，正在梁地反擊項羽。於是，項羽面臨兩面受敵的困境。項羽就採取先滅齊後滅漢的方針，繼續攻齊。因此，項羽的主力被牽制在齊地。劉邦迅速抓住這一戰機，親自率軍由函谷關出陝縣（今河南三門峽市西）向東進發。不久，河南王申陽、韓王鄭昌被迫投降，魏王豹率軍歸附劉邦。隨後，劉邦俘虜殷王司馬卬，並很快佔領了今河南及山西中、南部廣大地區。

　　西元前二〇五年四月，劉邦趁齊、楚兩軍激戰之時，在洛陽以項羽殺死楚懷王為藉口，號召各地諸侯為懷王報仇而討伐項羽。隨後，劉邦率五國聯軍一舉攻佔了楚國都城彭城。於是，項羽留部將繼續攻打齊，自己率精兵三萬迅速南下。然後，項羽趁劉邦沉醉在勝利中毫無防備的時候，以少勝多，大敗漢軍，並奪回了彭城。劉邦僅率數十騎衝出包圍，逃回滎陽（今河南滎陽東北古滎鎮）。

　　各地諸侯見劉邦戰敗，都競相投靠了楚軍。劉邦則一方面爭取英布的支持，並重用韓信、彭越等人，聯合所有的反楚力量；另一方面則利用滎陽、成皋（今河南滎陽西北氾水鎮）有利的地勢，分兵扼守險要的地方，以爭取時間，壯大實力，伺機再戰。不久，蕭何徵得的

關中兵補充了劉邦的軍隊，韓信也率援軍趕到。於是，漢軍在滎陽東大敗楚軍。隨後，楚漢雙方在滎陽、成皋一帶相持不下，並在廣武形成對峙局面。廣武位於黃河南岸，地處滎陽和成皋之間，是個小的臺地，因此被稱為廣武山。

劉邦憑藉險要的地勢固守，加上敖倉之糧的不斷接濟，因此固守城池並不出戰。但是，楚軍則遠途作戰，軍隊補給線較長，糧草運輸困難。加上彭越在楚軍後方叛亂，因此，楚軍的糧草供應更是難上加難，致使楚軍中怨言四起。

於是，項羽想盡快和劉邦一決勝負。項羽下令將劉邦的父親劉太公綁到陣前，並大聲喊道：「如果劉邦不盡快過來決戰，我就把劉太公烹殺了。」劉邦聽到以後，心裡又氣又急。劉邦無奈，把心一橫，並回答道：「我和項羽曾共約為兄弟，我的父親不也是你的父親嗎？如果你想烹殺我們的父親，也請分一杯羹給我吧！」項羽大怒，馬上下令要烹殺了太公。這時，項伯勸解道：「劉邦想奪取天下，而奪取天下的人是不會顧及親人的。所以劉邦才不會在意父親的死活。因此，就算我們殺了劉太公，也不會有什麼好處，更何況殺人父母有可能會激起很多的反抗。」項羽也不想破壞自己的英雄形象，就接受了項伯的建議。

無奈之下，項羽就從正面向劉邦挑戰了。項羽派使者向劉邦下了戰書：「最近幾年以來，天下一直動盪不安，紛爭不斷，民眾餓殍遍地，這都是由於我們兩人的爭戰。因此，我建議我們兩人按照楚人古代尚武的精神，進行單打獨鬥來決定勝負。這樣，就不會讓天下人為

我們遭受顛沛流離的痛苦了！」顯然，憑個人勇武的本領，劉邦根本打不過項羽。所以，劉邦絕對不會中計，只是笑著要使者回去傳話：「我崇尚智鬥，而不是武鬥！」

只是，項羽也不相信劉邦會出來和自己單挑。於是，項羽派出三個死士，輕裝到達滎陽城前向劉邦挑戰，並嘲笑漢軍有其主必有其臣，都是一幫廢物。為了鼓舞全軍士氣，劉邦派出一名來自樓煩的騎射手騎馬出城。這名騎射手在飛奔中用箭射死了楚軍的三位死士。項羽知道後，暴跳如雷。於是，項羽親自穿盔戴甲，手持兵器站到滎陽城外向劉邦挑戰。樓煩勇士又騎馬奔出，打算射死項羽。項羽怒目而視，大聲呵斥騎射手，喊聲震耳欲聾，使聽到的人聞風喪膽。因此，樓煩勇士就不敢瞄準項羽，雙手發抖，無法掌握弓箭。於是，樓煩勇士只好馬上退回城中，再也不敢出城挑戰了。

劉邦聽說項羽來到了兩軍陣前，就登高來看，恰好項羽也看見了劉邦。項羽就大聲喊到：「劉老四，我要直接和你談話。」然而，劉邦卻默不作聲。項羽接著說：「我們相隔很遠，不方便說話。況且，我知道你是因為怕我的勇猛才不敢和我當面說話。明天早晨我們一起到廣武澗，隔著山澗說話吧。有山澗阻隔，我也傷害不了你。如果你不敢來，就讓全天下的人都來嘲笑你吧。」這時，劉邦身邊的謀士陳涓小聲地對劉邦說：「大王不要答應他的要求。」但劉邦被惹怒了，就回答說：「好啊，就按你說的辦，明天我們廣武澗見。」項羽又說：「希望你能按時去，千萬不要不守信用啊。」項羽說完就帶兵回營了。

劉邦剛剛回到大營，陳涓就對劉邦說：「項羽是怕您一直守城而不出戰，才以和您說話為名騙你出去。項羽肯定心懷不軌，您千萬不要去啊。」劉邦就笑著說：「廣武澗有一萬丈之深，項羽是不可能飛過山澗而傷害我的。況且，我已經列出了項羽的十大罪狀，早就想和他談了。現在項羽有這樣的打算，我也可以順應天意教訓他啊。」

第二天早上，劉邦膽大又瀟灑，而且沒有穿盔甲，只穿著便服和全副武裝的項羽隔廣武澗隘相見。劉邦大聲地說：「項羽聽著，像你這樣昏庸無道的人，怎麼有資格向我單挑呢？你犯下了十大罪狀，現在我要代表天下控訴你！第一，你背棄當初楚懷王與我們的約定，不但沒有讓我做關中王，還把我派到漢中，說明你不守信用；第二，你出於自私的目的，殺害了卿子冠軍宋義，說明你犯上作亂；第三，你解除趙國邯鄲之圍，完成任務以後並沒有酬謝懷王，而且你私自逼迫諸侯軍隊進入關中，犯了無視君主、欺瞞諸侯王的罪；第四，你放火燒毀了秦國宮室，挖掘秦始皇的墳墓，獨自吞占公共財產，說明你不仁不義；第五，秦人子嬰已經投降，卻仍然被你殺死，這說明你不顧禮法；第六，你以欺騙的手段在新安坑殺了二十萬秦國子弟兵，這說明你暴虐而且言而無信；第七，你自己佔據最好的封地，將各國舊主流放到其它地區，這說明你自私自利；第八，你將楚懷王流放到偏遠地區，還佔領了韓王領地，並私自佔領梁、楚的富饒之地，這說明你犯下了違背公義的罪孽；第九，你派人暗中殺害了懷王，這讓全天下的人都憎恨你；第十，你掌管天下卻處事不公，而且你不講信用，不被天下人認可，可以說是大逆不道，罪大惡極。現在我率領起義軍，號召天下諸侯共同征討你這個惡賊。英布這種刑餘之人都痛恨你的行為，並公然討伐你。所以，你又有什麼資格向我挑戰呢？」

劉邦罵得是痛快淋漓，但他萬萬沒有想到項羽竟然會偷襲他。

劉邦稱帝

劉邦在廣武澗痛罵項羽，越罵越神氣。不料，項羽早已命令手下的弓箭手伺機偷襲劉邦。突然楚軍飛弩射來，劉邦應聲倒下。雖然和楚軍相隔很遠，但劉邦仍然被擊斷好幾根肋骨。劉邦馬上警覺起來，意識到自己受了重傷，胸前一陣劇痛襲來，但不想讓項羽知道自己受了重傷。於是劉邦使出吃奶的力氣大聲喊道：「蠻子射中了我的腳趾頭。」身後的護衛軍馬上飛快前來，並將劉邦救到城中。

在這段時間內，韓信已經徹底平定了齊國，向劉邦提出要當齊王，劉邦馬上就答應了。劉邦還派張良持印綬代替自己前往齊國，正式賜封韓信為齊王，封彭越為將軍，並命他們馬上出兵南下攻打楚國。

項羽聽到龍且被殺以後，也派盱臺人武涉前去說服韓信，勸韓信聯楚背漢，以便與楚漢三分天下。韓信卻非常坦白地對武涉說：「我當年為項羽做事，也只不過是個郎中而已，只是一名執戟的護衛。因此，我說的話不受重視，建議也得不到採納，我不得不背離楚王而投奔漢王。現在，漢王授我上將軍印綬，並分給我數萬軍隊，還將他的衣服賜給我，和我分享他的餐食。而且，漢王對我言聽計從，讓我能夠盡情發揮才能，也得到了今天的地位，這是何等大的恩情呀！因

此，對漢王的情意，我至死都不會改變。對項王的好意，我只能言謝了。」

此時，漢軍糧草充裕，士氣大盛；楚軍則士氣低落，糧草瀕臨斷絕。這時，劉邦又封英布為淮南王，命英佈在楚地夾擊項羽。然後，劉邦讓燕人派騎兵作戰，這一切都表明劉邦已完全佔有了漢中、關中、趙、魏、代、齊、燕等地。

為了能夠救回父親太公，劉邦派侯公去遊說項羽。劉邦說想和項羽共用天下，並約定鴻溝以西屬於漢，鴻溝以東屬於楚。項羽同意了，並放了劉邦的家眷，然後率軍罷兵東歸了。但是，劉邦卻馬上派兵追擊項羽，最終在垓下圍攻了項羽。韓信使用四面楚歌的計謀，迫使項羽在烏江自盡而死。垓下之役結束以後，劉邦命令各諸侯返回各自的封地，等待論功行賞。然後，劉邦班師凱旋。

漢王五年正月，各個諸侯都來到了洛陽，蕭何也率領關中的士兵前來會合。一切安排妥當之後，劉邦召集所有諸侯來分封疆土，諸侯們與群臣都站在階下等候封賞。劉邦賜封韓信為楚王，統轄淮北地區，都城為下邳。劉邦賜封原魏國相國、出身大盜的彭越為梁王，統轄魏國故地，都城為定陶。而且，劉邦還宣佈大赦天下。

這時，劉邦已經是全國的統領了。然而，劉邦只是分封了韓信、彭越、張耳、英布等將領，並沒有馬上分封其它諸侯。這樣一來，各諸侯和功臣們因為名分不定，愈加緊張了。劉邦覺得天下局勢尚未徹底穩定，分封事宜要從長計議。為了盡快穩定政權，各個諸侯及各軍將領聯名奏請劉邦登基為帝。

不料，劉邦卻說：「我聽說皇帝的位子屬於天下最賢能的人，否則就得不到大家的誠心支持。這樣，不但不能建立穩定的政權，還會有害於天下的安寧，所以我實在不敢擔當啊。」大家都稱讚道：「大王出身民間，起兵反抗秦朝的暴虐統治，並且平定了四海，還有誰能比您更加賢能呢？況且天下有功的人都被您分封為王，不也說明您是王中之王嗎？如果大王不稱帝，天下百姓怎麼會有安穩的心呢？為了天下安寧，我們情願誓死追隨和支持您。」劉邦就按照古禮，推辭了幾次，但大臣們執意堅持。劉邦就對他們說：「你們如果認為一定要如此，為了天下百姓，我也只能勉為其難了。」

　　同年二月，劉邦命人在曹州濟陰縣的汜水北岸設立祭壇，登基為帝。劉邦的王后呂雉改稱為皇后，太子改稱為皇太子，並且追尊已經去世的母親為昭靈夫人。

　　劉邦除了賜封楚王韓信、梁王彭越、淮南王英布、趙王張耳以外，還賜封了韓王成子信為韓王，都城為陽翟；賜封衡山王吳芮遷徙為長沙王，都城臨湘；同時，劉邦也認可了燕王臧荼的諸侯地位，並將粵王無諸改稱為閩粵王，統轄閩中地區。

　　同年五月，劉邦將都城遷往雒陽（洛陽故城），還命令各諸侯進行裁軍復員工作，以恢復國計民生。沒過多久，劉邦就在洛陽的南宮大擺筵席宴請功臣和諸侯們。

　　宴席中，劉邦突然對功臣和諸侯們說：「各位諸侯和功臣們，我認為你們不刻意欺瞞我，我很想知道你們真實的想法。我想請大家想想，我能夠取得天下，而項羽卻失敗的關鍵原因是什麼呢？」

王陵就說：「陛下賞罰分明，果敢有力，毫無自私之心；同時，陛下派兵攻城，收穫的戰利品都賞賜給有功之人，說明您沒有私心，與天下同利。但是項羽卻嫉妒有賢德的人，恐怕別人功勞大，所以功勞大的將士經常遭到項羽的猜忌；作戰勝利的人沒有封賞，勝利所獲得的土地全歸項羽自己佔有。就這樣，項羽有功不賞，反而猜忌有功的人，這就是使項羽得不到別人的支持，沒有得到天下的主要原因啊！」

　　劉邦聽了，搖搖頭說：「你說的只是一部分原因，卻還沒有說到更重要的原因。對於運籌帷幄的計謀，我比不上子房（張良）；論瞭解國家資源，安撫百姓，為作戰提供糧草供需，我比不上蕭何；再論調集百萬士兵，做到戰無不勝，攻無不克這種能力上，我也比不上韓信。因此，這三人是世上罕有的奇才。我雖然比不上他們，卻能夠任用他們為我做事，這就是我能夠贏得天下的原因啊。項羽有范增，卻不能重用他，所以才會被我打敗啊！」

　　隨後，劉邦聽取了婁敬、張良的建議，命令蕭何在秦朝舊都旁的長安縣修築新的都城，並取名為長安。於是，劉邦以長安作為漢朝的都城。從此，漢朝開始了對全國長達四百多年的統治。

親征平叛亂

劉邦稱帝後，封了一些異姓諸侯王。這些諸侯王很早就追隨劉邦了，建立了很大的功勞，因此封王之後也擁有很大的權力。當時劉邦分封他們，實在是不得已而為之，這些異性諸侯王也知道，所以對劉邦不免就怠慢起來。

如臧荼的燕王，是項羽的時候封得，劉邦建立漢朝之後，他只是消極的不抵抗，並不積極支持新生的大漢政權。劉邦遷都關中後，臧荼的封地距離中央政權很遠，臧荼更加不將劉邦放在眼中，甚至有從漢朝中獨立出去的想法。此時齊地因為韓信遷調為楚王沒有新王的緣故，臧荼更加放肆了，不久就宣佈脫離大漢政權。

劉邦為了穩固新生的政權，決定御駕親征臧荼。臧荼沒想到劉邦會派軍隊過來，更沒有想到劉邦會御駕親征，因此準備強度關山，讓劉邦不得不承認他的獨立。但他沒想到劉邦的大軍很快就到來了，臧荼不免心慌意亂，加之燕軍兵力不多，不久就被漢軍包圍，臧荼只好投降。劉邦命太尉長安侯盧綰為新的燕王。

盧綰是劉邦的小時玩伴，兩人既是同鄉，又是同年同月同日生，這份難得的緣分讓劉邦更看重他，兩人的感情猶如親兄弟。不過盧綰

能力有限，在劉邦打江山的時候沒有出太大的功勞，劉邦封他為王，他因此成為第一個不靠自己力量受封的諸侯王。這些都是因為劉邦信任盧綰的緣故。

項羽的部將利幾曾經以陳地向劉邦投降，但劉邦建國後，卻沒有封他，只是讓他帶領自己的部隊在穎川等待。劉邦誅殺臧荼之後回師，在返回的途中經過洛陽，於是召見利幾。利幾因為之前曾經與臧荼密謀過，現在臧荼被殺，他更不想讓劉邦知道這件事。現在劉邦滅了臧荼就召見他，利幾很擔心自己到了洛陽之後就被害，乾脆不應召，宣佈獨立。劉邦率領漢軍，輕而易舉就滅了利幾的軍隊，利幾兵敗被殺。

這時候又有人快要造反了。項羽左右大將之一龍且死於濰水之戰，他的另一個大將鍾離眜在垓下之圍後便不見了蹤影。鍾離眜曾經數次打敗劉邦的軍隊，劉邦對他既怕又恨。沒想到鍾離眜卻和韓信惺惺相惜，劉邦後來得知鍾離眜投奔了韓信。劉邦本下令逮捕鍾離眜，將他送到京城懲罰，但韓信卻不應召。前去韓信軍營宣告劉邦聖旨的官員查看情況之後，認為韓信庇護朝廷重犯，有謀反嫌疑。

劉邦詢問大臣怎樣解決這件事，大家都說，漢軍應該出擊，擒獲韓信和鍾離眜。陳平獻計說：「自古以來天子應享有巡狩、會諸侯的禮儀，這是考察地方民情的時機。陛下現在可以假裝到雲夢地區巡狩，順便將諸侯召集到陳、楚之西界。韓信收到巡狩會諸侯的消息，會按照禮儀前來參加會盟。如果他沒有謀反的打算，陛下很容易就能擒獲他了。」劉邦認為這個計策很好，於是就將將到雲夢地區巡狩的

消息放出去，通知附近的諸侯到陳地集合，然後率領衛隊出發，隨行的其它將領緊緊跟隨劉邦的禁衛軍團。

韓信聽到劉邦去巡狩的消息之後，半信半疑。此時朝廷還沒有宣佈調查鍾離眜一事的結果，劉邦卻在此時宣佈帶諸侯巡狩，並且要在陳地會盟，這兩件事之間有沒有什麼關係呢？韓信心想，如果自己這時候發兵，肯定會遭到圍剿，雖然不一定會敗，但自己無論如何不能背負叛亂的罪名。如果去赴約的話，局勢又不明朗，韓信感到左右為難。這時候，有人對他說：「只要你現在殺死鍾離眜，皇帝知道你是忠誠的，就不會再為難你。」韓信想想，不知怎麼辦，就和鍾離眜商量。鍾離眜不想連累韓信和楚國的百姓，就自殺了。

劉邦在陳地會見各路諸侯，韓信帶著鍾離眜的人頭去了，但劉邦依舊下令武士們擒獲韓信。回到長安之後，劉邦大赦天下，免除了韓信的罪名，但同時也剝奪了他楚王的王位，將他降為淮陰侯。

韓信沒有了兵權，按說已經不能再對朝廷構成威脅。但韓信知道劉邦擔心自己，於是稱病不上朝。劉邦知道韓信心中不高興，但為了朝廷的穩固，不得已只能犧牲他的利益。為了讓韓信心中舒服些，劉邦常在別宮召見韓信，希望大家私下的友誼可以抹平彼此的不愉快。

有一次，劉邦又召見韓信，跟他討論各位將領的能力。韓信不是早年就追隨劉邦的將領，原本對劉邦的嫡系將領不熟悉，但被封為淮陰侯後留在京都，經常與將領們見面，因為權位之爭而與劉邦的嫡系將領結怨。當劉邦這樣問他的時候，他很容易就對各位將領有了一個較中肯的評價。劉邦之前沒有與人談論過這個話題，一時興起，就問

他：「那麼你覺得我有能力指揮多少軍隊呢？」韓信直言：「以陛下的能力，統領軍隊最好不要超過十萬。」劉邦又問：「那麼你又有能力指揮多少軍隊呢？」韓信驕傲地說：「臣指揮軍隊沒有上限，多多益善。」劉邦聽到這裡哈哈大笑：「既然你多多益善，能力比我還強，為什麼還被我捕獲呢？」韓信依舊直言：「陛下雖然不善於指揮軍隊，但卻善於指揮將領，這是我被陛下擒獲的原因。陛下這種統帥能力，非人力所能及。」君臣之間有了這番對話，彼此其實都很不高興。

第二年，韓信讓陳豨在外地反叛，劉邦前去平叛，韓信自己趁機在京都襲擊太子和呂后。事情後來洩露出去，呂后採用了蕭何的主意，將韓信誘騙入宮，派人抓捕了他，最後在未央宮鍾室斬了他。

還有一個異姓王，也叫韓信。這個韓信是韓國貴族後裔，驍勇善戰，建立了很大的軍功。劉邦平定天下之後，重劃諸侯封地，將韓國封給韓信。但原本的韓國疆域頗大，北起鞏水、洛水，南至宛城、葉城，東至淮陽，都屬於韓國領地，對洛陽和關中的威脅頗大，有很重要的戰略位置。劉邦重新分封的時候，將韓國原本的精華區全劃歸朝廷直轄，只將趙國西北區的太原郡三十六縣劃為韓國，韓信擁有的就是這塊土地。

這個韓信進入封地之後，在馬邑建立防寨。此時外胡王冒頓率大軍南下，韓信來不及應對，派遣使者與冒頓求和。劉邦得知韓信歸向匈奴，以樊噲軍團為先鋒，自己御駕親征，攻擊韓信的軍隊。韓信自恃猛勇，與樊噲戰於銅鞮。劉邦親赴前線指揮，漢軍士氣很高，韓軍不敵，韓信逃亡到匈奴。

起舞吟詩

　　劉邦剛登基之後，行事很隨意。他上朝時，朝臣們要麼是他過去的同鄉，要麼是跟他一起出生入死的患難之交，如今雖然有了君臣之別，但大家已經習慣了過去那種無拘無束的會面方式。況且很多將領原本就是草莽英雄，所以劉邦上朝之後，在殿上依舊跟大家嘻嘻哈哈，君臣之間不講禮儀，常常為一件事吵嚷不休，有時興起甚至喝得酩酊大醉，喝醉之後又瞎胡鬧，沒有一點皇帝的威儀。時間久了，劉邦也覺得自己身為皇帝，不能將宮殿弄得太不像話，但他又不好意思直接勸阻大家，於是就打算想一個不傷和氣的好辦法。

　　周王朝的後代、魯國儒者叔孫通知道禮儀，蕭何就推薦他為劉邦製作宮殿禮節的規劃。叔孫通知道劉邦的心思，就對他說：「大家這樣鬧的確很不像話，皇家的體統都沒有了。我可以根據古禮和秦儀，幫助陛下制定一些新的制度。只要陛下點頭，我現在就能立刻召集魯國的儒生和我的弟子們制定出一套完美的宮廷制度。」劉邦說：「你可以試試，不過不要將禮儀制定得太繁瑣了，簡單易行就好。」

　　叔孫通接到劉邦的命令之後，立刻從魯國的儒生和弟子們們中挑選出一百多人，認真研究周代和秦朝的禮儀。這套禮儀制定出來之後，他又讓人花費了一個多月的時間演習了一番，直到覺得既達到了

維護皇帝體統又不繁瑣的目的之後，才請劉邦觀看。劉邦檢查之後，覺得還可以，就在宮中推廣，令群臣學習這些禮儀。

長樂宮建成之後，群臣前來賀禮，劉邦宣佈從此正式執行這些禮儀。所有的官員都根據新制定的禮儀要求，嚴格按照要求，根據自己的官位高低，以此走進殿門。謁者高喊一聲「趨」，群臣立刻時夾侍階陛兩旁，文武官員分別站立在兩旁，文官西向而立，武官東向而立。大家站定之後，劉邦乘坐著龍輦緩緩進入。所有官員都站在原地，根據禮儀上的規定，按照官職的尊卑站好，然後誠惶誠恐地向皇帝朝拜奉賀。行禮完畢，開始喝酒，大家全部低頭飲酒，沒有一個人敢像過去那樣大聲喧嘩。大家斟酒九次，謁者又高喊一聲「罷酒」，眾臣依次靜靜退出。

朝拜完畢，劉邦情不自禁地說：「直到現在，我才知道當皇帝是一件多麼尊貴的事情啊。」劉邦一高興，就賞賜叔孫通五百金，並封他為太常。從此，這套朝拜禮儀就成為制度，劉邦天天享受著皇帝的尊貴。

蕭何主持興建的長安城主殿未央宮將要完成，劉邦前來視察攻城情況。未央宮位於長安城西南隅，長達二十八里，與東南的長樂宮並立。按照禮儀，宮殿南向，上書、奏事、謁見者應由北闕玄武進入，公車、司馬等皇帝御用交通工具也只能停留在北闕附近，北闕就是正門。只有東闕可聯繫丞相府。東闕名為蒼龍，很壯觀，皇帝辦公的前殿、武器儲存室武庫、糧儲存室太倉也都很壯觀。劉邦看後，有點不高興，他對蕭何說：「天下戰亂已久，人們都沒有時間生產，現在建

造了這麼豪華的宮殿，百姓們都生活在痛苦之中，我們怎麼能這麼浪費呢？」

蕭何答道：「正是因為天下未定，皇權未穩，更需要用壯觀的宮殿來顯示皇帝的權威。整個天下都是皇帝的家，只有用這麼壯觀的宮殿來代表皇帝的尊貴和權力。皇帝的宮殿，建造一次就要成功，後代如果增建的話會對祖先不敬。」劉邦聽了蕭何的話，覺得很有道理，這才接受了未央宮的規劃。

後來，劉邦親征英布，從淮南戰場凱旋班師。在回來的途中，順道回了老家沛縣一趟。老家人得知皇帝回到故鄉，非常高興，鄉親們都爭著看當年的劉邦小子如今當了皇帝是怎樣一個人。

劉邦回到沛縣，為鄉親們置辦了隆重的酒席，將過去的老朋友和父老子弟都請來一起縱情暢飲。還命人從沛縣年輕子弟中選出一百二十個能歌善舞的人，大家一起表演楚國歌舞。劉邦乘著酒興，跟著大家一起跳起舞來。沛縣的父老子弟全部跟著他跳起舞來，群情高昂，場面壯觀。酒宴進行到高潮的時候，劉邦自己彈擊著築琴，唱起自己編的歌：「大風起兮雲飛揚，威加海內兮歸故鄉，安得猛士兮守四方！」劉邦不但自己唱，還讓沛縣的兒童跟著唱，沛縣的百姓也都跟著唱。

這麼熱鬧的場面，讓劉邦心中很激動。想到自己沛縣起兵的經過，想起韓信、彭越、英布等優秀將領，想到在項羽手下幾次死裡逃生，劉邦心中很難平靜，情不自禁流下眼淚。他舉起酒杯，對沛縣的人說：「遠遊的赤子總是思念故鄉的，我雖然在關中建都，但心中無

時無刻不思念這故鄉。將來我死後，我的魂魄還是喜歡故鄉的。開始我是以沛公的名義起兵討伐暴逆的，現在終於得了天下，沛縣就是我起兵的第一個地方，我會永遠感謝這個地方，我要免除沛縣百姓的賦稅徭役，沛縣的父老鄉親們世世代代不必納稅服役。」沛縣的百姓們聽到這個好消息，更高興了，大家歡飲的場面也更熱鬧了。

劉邦在家鄉待了十幾天之後，就要回京都了，沛縣的百姓們堅持要劉邦多留幾天。劉邦說：「我帶的人太多，恐怕鄉親們供應不起。」於是就帶領大軍離開沛縣。劉邦離開這天，沛縣全城的百姓都來送行，有的敬獻牛，有的奉獻酒。劉邦感懷，於是令軍隊們再停下，大家重新搭起帳篷，又宴飲了三天。沛縣的百姓這時候叩頭向劉邦請求：「沛縣免除了賦稅徭役，但豐邑卻沒有免除，希望陛下憐憫豐邑。」劉邦說：「豐邑是我生長過的地方，我也不能忘記這個地方，但我不免除豐邑的徭役，是因為當初豐邑人跟著雍齒反叛我而幫助魏王。」但沛縣的父老堅持為豐邑人求情，劉邦無奈，於是答應把豐邑的賦稅徭役也免除掉，人們紛紛讚揚劉邦為聖主，劉邦在大家的歡呼聲中離開。

高祖之死

　　劉邦晚年，除了擔心異姓王叛變和匈奴人威脅大漢江山之後，最大的煩惱就是繼承人的問題了。

　　劉盈為呂后所生，是嫡長子，理所當然成為繼承人，因此他早在劉邦登基之前就被立為太子了。但劉盈生性敦厚仁慈，性格懦弱，劉邦常年在外打仗，對他沒有太深的感情，因此不喜歡他當繼承人。劉邦晚年寵愛年輕貌美的戚夫人，戚夫人所生的如意，雖然年紀小，但卻很懂事，很聰明，反應敏捷，劉邦認為這點很像自己，因此很想廢掉太子劉盈，改立如意為太子。

　　不過，劉盈也沒有犯什麼錯誤，很多大臣都喜歡劉盈的仁愛和敦厚，因此每每劉邦與眾大臣討論改立太子的時候，雖然戚夫人也拉攏了很多大臣，但支持劉盈為太子的仍然是多數派。

　　呂后是最不想改換太子的人了。她常年忍受著孤獨與寂寞，與劉邦共患難，已經實屬不易，以至於養成敏感不安的習慣，很難相信別人。而長期的忍耐生活也將她的性格磨煉得非常堅強。現在好容易劉邦平定了天下，自己貴為皇后，終於結束這種痛苦的生活了。如果現在換掉太子，自己的未來又是一個未知數，辛苦一生的心血也付諸東

流。如果這件事就這樣放任不管，劉邦現在擁有決定權，劉盈遲早會被廢黜的。

因此，一聽說劉邦提出廢黜太子，呂后多方尋求幫助，幸得張良指點，讓商山四皓替太子說話。商山四皓是劉邦多次邀請卻沒有成功的賢人，劉邦現在看商山四皓為太子說話，只得對他們：「你們可要好好輔佐太子。」然後回去對戚夫人說：「我原本想廢掉太子，但現在他已經有商山四皓輔佐了，太子已經有了自己的勢力，我不容易改動了。」

劉邦清楚呂后的性情，他擔心更換太子這件事會惹怒呂后，將來勢必會給戚夫人母子帶來災難。不過為了爭取這對母子的安全，他已經盡力了，即使沒辦法也只能這樣了。

這時候出現一件更令劉邦頭痛的事：盧綰造反了。雖然建國初期劉邦曾經除掉了幾個令人頭痛的諸侯王，但異姓王造反總歸不是一件好事，這說明還有人不臣服他。因此，劉邦終日憂心忡忡，蒼老得很快。以前他與英佈在蘄西會戰中，劉邦為了鼓舞士氣親自到前線指揮，被流箭射中，當時沒有好好保養，這些年來當初的傷痛一直未斷。

御醫們為劉邦做了一番全面的診斷，前景不容樂觀。呂后遍求天下名醫，有人為她推薦了一位擅長治療金瘡的名醫。這位名醫替劉邦診斷後，認為事情還沒有到最糟糕的地步，呂后立即將病情有可能治癒的消息告訴劉邦。沒想到劉邦聽後大罵：「純粹是江湖郎中。我一介平民，靠三尺寶劍獲得天下，這都是天命。如今天命已盡，就是扁

鵲再生也沒救了。」不肯接受醫師的治病，命人賜予他五十金，將他趕出宮。

呂后見如此，也不好再勉強，於是向他尋求身後事：「那麼陛下百年之後，蕭相國年歲也大了，他死後誰能代替他呢？」

劉邦說：「讓曹參為相國！」

呂后又問之後的事。

劉邦說：「曹參之後可以用王陵。王陵這個人有些耿直，可以讓陳平任其副相國輔佐他。陳平雖然有智慧，但意志力不堅定，難以單獨承擔大任。周勃個性堅強，但沒有文采，可以用他安定一股力量，可任命他為太尉。」

呂后又問之後的事。

劉邦笑呵呵地說：「接下來的事，你不必知道了。」

這番對答其實已經看出劉邦的睿智，他清醒地知道每個人的長處與短處，也許這就是韓信說他善於用將領的緣故吧。

自從劉邦病重後，呂后就掌握了朝政大權，她不准任何臣子見劉邦。不久，劉邦去世，呂后秘不發喪。她先與最信任的幕僚、早年便開始侍奉她的沛縣故友審食其商量：「眾位將領原本跟皇帝是一樣的，後來他們表面稱臣，心中恐怕又不平衡。太子即位後，年紀輕輕，難以壓制他們，天下恐怕會大亂啊！」

審食其也不知道怎樣解決，於是召集一向支持呂后的人研究。酈商是呂后的支持者，他聽說劉邦去世、呂后準備整頓諸將領時，就見審食其，對他說：「我知道陛下已經去世了，現在秘不發喪，是不是呂后準備誅殺不夠忠誠的將領？天下肯定會大亂的。陳平和灌嬰在滎陽有十萬守軍，樊噲和周勃在北方燕、代之地有二十萬遠征軍，如果他們聽說這個消息，肯定會率領軍隊攻打關中，如果京都的將領回應起來，大家裡應外合，大漢的江山肯定就瓦解了。」

審食其將酈商的看法告知呂后，呂后想想很有道理，於是正式向天下發佈劉邦已死的消息，大赦天下，讓眾將領及諸侯們放心。

且說盧綰原本沒有造反的意思，因此和數千騎一直駐營於塞下，準備等劉邦病癒後親自上京謝罪。現在聽說劉邦去世了，呂后把持了朝政，便死了請罪的心，面向京師哭祭後，帶領著自己的軍隊逃亡匈奴了。

劉邦死後，群臣感念他撥亂世反及平定天下的功勞，為漢太祖，尊號為高祖皇帝，世稱之漢高祖。太子劉盈繼位做了皇帝，是為漢惠帝，漢王朝進入了呂后專政的時代。

劉邦有八個兒子，長庶子劉肥是劉邦平民的時候跟一個沒有名分的妻子生的，劉邦稱帝後他被封為齊王；次子嫡長子劉盈為呂后所生，劉邦身為漢王的時候他就被立為太子；次嫡子劉如意，戚夫人所生，後被封為趙王；再次為庶子劉恒，薄夫人所生，後封為代王，他就是之後的漢文帝；再次為劉恢，後被封為梁王，呂后執政之後被改為趙王；再次為劉友，劉友後也晉封為趙王；再次為淮南王劉長；最小為燕王劉建。

呂太后本紀

殘害戚姬

項羽分封諸侯的時候，將劉邦封為漢王，自己則封為西楚霸王。此後漢王與西楚霸王經常為利益紛爭而發生戰爭，最初，項羽是經常獲勝的。

西元前二〇五年，項羽率兵攻打齊王，劉邦趁機佔領項羽的臨時都城。項羽大怒，於是親率三萬精兵返回攻打劉邦。劉邦兵力不足，只好棄城逃跑。當他逃到曹州東南二十餘里的戚家村時，已經彈盡糧絕，筋疲力盡，於是就下馬在村頭休息了一會兒。但他還沒有緩過氣來，項羽的追兵又趕到了。聽到由遠及近的馬蹄聲，劉邦越發慌張起來。他看見有一戶人家，一個老翁跟一個年輕女子正在勞動，趕忙走上前，說明自己的身份，希望老翁能搭救自己。老翁和姑娘都願意幫他，姑娘緊急中看到一口枯井，就讓劉邦躲進去。項羽的追兵趕到，沒有看到劉邦，以為他又跑遠了，趕緊去追。劉邦得救了。

晚上，老翁置辦酒席為劉邦壓驚。劉邦這才知道，恩人姓戚，只有一個女兒，就是為劉邦找到救命枯井的那位姑娘，劉邦這才顧上細細打量姑娘。這位姑娘年方十八，生得俊俏可人，劉邦一見，頓生愛慕之心，加上感謝戚氏父女，就對他們說：「如果將來我得了天下，就封你的女兒為貴妃。」戚氏父女趕緊叩頭謝恩，劉邦當夜就與戚家女兒完婚。

後來，劉邦的勢力越來越大，戚家女兒跟著劉邦也越來越有前途。劉邦很寵愛戚家女兒，將她封為夫人。後來戚夫人為劉邦生了一個兒子，即趙王如意，劉邦越發寵愛戚夫人。

　　劉邦此時已經立了呂后的兒子劉盈為太子。劉盈為人老實敦厚，而如意機靈活潑，很有決斷，劉邦覺得這一點很像自己，於是很自然地就比較偏愛如意。加上呂后此時已經年老色衰，戚夫人年輕貌美，劉邦越發喜歡如意，後來甚至想要廢掉太子劉盈，改立如意為太子。

　　劉邦要更換太子的消息很快傳到呂后的耳朵裡。呂后大急，趕忙找哥哥呂釋之商量對策。呂釋之也想不到什麼好辦法，又找張良，劉邦信任張良，呂釋之希望張良勸阻劉邦。張良不想出面，於是為呂釋之出了一個主意：終南山有四位隱居的賢人，人稱「商山四皓」。劉邦一直想讓這四個人出面輔佐自己，但他們都不肯。如果太子劉盈能請這四人到自己家中做客並將他們引入朝堂，讓劉邦看見，劉邦就會覺得，太子竟然有能力請到自己請不到的人，就會認為太子有過人之處，也許就不再廢掉他。

　　呂后知道這個消息之後，立刻想盡辦法將商山四皓幫助太子。商山四皓來到朝堂，對劉邦說：「太子劉盈是一個忠厚仁孝的孩子，我們四個人甘願為劉盈效勞。」劉邦看到商山四皓出面輔佐劉盈，既驚又喜，對商山四皓說：「既然你們答應幫助我漢室江山，那麼以後就好好輔佐他吧。」就此打消了更換太子的決定。

　　朝會結束之後，劉邦無奈地對戚夫人說：「看來已經沒辦法更換太子了，他有商山四皓幫忙，已經擁有了人心，無法再動搖他的太子

之位了。」戚夫人聽到這裡，難過地留下了眼淚。戚夫人雖然平日得寵，但在呂后面前總是小心謹慎，唯恐被她抓出什麼過錯，現在因為更換太子一事，恐怕已經得罪她了。劉邦也知道這一點，因此如何安置這對母子成了劉邦的心病。後來，劉邦越來越老，又疾病纏身，他知道自己時日無多，擔心自己心愛的女人和兒子，他就讓如意到了自己的封國，並派遣周昌保護好如意。

西元前一九五年四月甲辰日，劉邦病逝，太子劉盈繼位，呂后晉升為皇太后，掌握了實權。曾經與呂后爭寵並爭奪王位繼承人的戚夫人，就成了呂后的第一個敵人。

呂后是一個很厲害的女人，她曾經幫助劉邦誅殺漢初頭號功臣韓信，又毫不留情地殺掉彭越，並將彭越剁成肉醬送給英布；英布造反，呂后又理所當然地殺掉了英布。無論是韓信還是彭越，或者是英布，他們都是跟隨劉邦打天下的功臣，擁有顯赫的背景和很大的權力，呂后尚且都能一一除掉他們，戚夫人這樣一個嬌滴滴的女子，怎麼可能是呂后的對手呢？她要殺掉戚夫人，以前因為有劉邦護著，她沒辦法，現在簡直易如反掌。

劉邦死後，呂后首先將戚夫人打入冷宮，將她一頭秀髮一根一根拔下來，然後命人用鐵鍊拴住她的脖子，讓她穿上粗笨的囚衣，天天在冷宮裡搗米。還派兵一天到晚地把守著她，不許她偷懶。戚夫人沒日沒夜的搗米，想像自己的前景，不僅悲從中來，一邊搗米，一邊流淚，只能用歌聲抒發自己的不滿：「子為王，母為虜！終日舂，薄暮常與死相伍！相離三千里，誰當使告汝！」她的兒子如意此時還在封地，不知道母親忍受這番痛苦呢。

呂后聽說戚夫人唱出這樣的歌詞，就想趁機殺了如意。呂后一連三次召如意回國，周昌知道呂后的企圖，他受到劉邦特意的囑託，讓如意假裝生病，不回宮。周昌曾經對劉盈有恩，又是一個德高望重的老臣，呂后也不想殺周昌，於是就玩了一個詭計。呂后先讓周昌進宮，周昌無奈，只得進宮，然後呂后又讓如意進宮。如意此時還是一個十歲的孩子，不懂得怎樣應對，只得奉召進宮。

　　劉盈天生敦厚，多日不見弟弟，非常想念他。他也知道母后因為如意差點奪走自己皇位的緣故，惱恨弟弟，於是親自到霸上去迎接如意，讓他跟自己一起回宮。入宮之後，又親自保護他，讓如意跟自己同吃同睡，形影不離。呂后想要找藉口殺掉如意，一時也找不到機會。

　　有一天，劉盈想要出去打獵，本來是讓如意跟自己一起去的。但他起床之後，看到如意還在睡覺，怎麼叫也叫不醒，於是只好自己先去了。可等他打獵回來之後，如意已經七竅流血死了，呂后已經派人下毒毒死了他。

　　呂后毒殺了如意之後，戚夫人連最後一個靠山也沒有了，呂后開始肆無忌憚地折磨戚夫人。她首先命人砍掉了戚夫人的雙手雙腳，又命人將她兩個眼珠子挖出來，兩隻美麗的眼睛變成了血淋淋的黑洞。戚夫人疼得慘叫出來，呂后聽不順耳，於是命人給她灌下啞藥，戚夫人連慘叫聲也發不出來了。最後，呂后又用毒煙將戚夫人的耳朵熏聾，將四肢不全、慘不忍睹的戚夫人扔進了茅廁，並稱為「人彘」。

　　最令人髮指的是，呂后對自己的所作所為頗感自豪，她將劉盈叫

過來跟自己一起欣賞戚夫人的慘樣。善良的劉盈根本不知道戚夫人母子都已經被母后害死了，更不知道眼前這個血肉模糊的東西是什麼。當別人告訴他說那就是戚夫人之後，劉盈放聲痛哭，他不知道母后竟然這麼殘忍，他哭著說道：「這怎麼是人做的事情呢？我是太后的兒子，我沒法阻攔太后，但我沒法再繼續做這個皇帝了。」此後故意放縱自己，終日飲酒作樂，不管朝政，二十四歲就病死了。

劉盈不理朝政，呂后理所當然地開始處理朝政。

諸呂封王

　　呂后在劉邦死之前曾經差點被廢去皇后之位，為了鞏固自己的地位，她開始有意提拔呂氏一族的地位。

　　呂后首先將自己的外孫女張嫣嫁給漢惠帝，而此時的張嫣才九歲，已經成年的漢惠帝怎麼能娶一個小姑娘為妻呢？況且又是自己的外甥女。漢惠帝不滿，他雖然不敢公然反抗母親的命令，但暗地裡也不配合，導致他和張嫣沒有孩子，但卻與後宮宮女生下六個兒子。「人彘」事件之後，漢惠帝羞憤交加，從此縱情聲色，不理朝政，健康迅速惡化，繼位七年後病逝，享年二十四歲。

　　漢惠帝發喪時，呂后只是乾哭，沒有眼淚。此時張良的兒子張闢強任侍中，他問丞相陳平：「太后只有這一個兒子，現在惠帝去世，太后只乾哭卻不流淚，你知道這是為什麼嗎？」陳平不知其所以然。張闢強說：「皇帝的兒子都沒有成年，太后擔心你們這幫老臣。如果你們請求太后封呂臺、呂產、呂祿為將軍，讓呂家人統領兩宮衛隊南北二軍，讓呂家人都住進宮中，掌握朝廷的大權，這樣太后就會放心，你們這些老臣就能避禍。」陳平覺得此話有理，於是就按照張闢強的建議去做。太后對陳平的安排很滿意，這才悲哀地哭了起來。

呂后的大哥呂澤被封周呂侯，呂釋之被封建成侯，妹夫樊噲被封舞陽侯。這些人雖然都是呂后的親戚，不過都曾經追隨劉邦起兵反秦，滅項羽，也都是大漢的大功臣。因此，他們幾個雖然是外戚，也沒有太多的人反對，呂家人就理所當然地掌握了朝廷大權。

安葬過漢惠帝之後，呂后在惠帝與後宮宮女所生的六個兒子中選了一個當繼承人，這就是「前少帝」。「少帝」的生母被呂后殺死，三歲的少帝交由張嫣撫養。少帝年齡太小，根本無法主持朝政，呂后發明了一個制度：母后稱制，她可以根據這個制度代行皇帝職權。

呂后稱制之後，就召集眾大臣，想要立呂家人為王。她先問右丞相王陵的意見。王陵說：「高帝曾殺白馬與大臣們盟誓：『不是劉家的子弟卻稱王的人，天下共同誅殺他。』現在太后如果封呂家人為王，恐怕違背了高祖的誓約。」呂后聽到這個說法之後很不高興，於是又問左丞相陳平和絳侯周勃。周勃回答說：「高祖平定天下之後，封了劉家的子弟為王。現在太后代行天子之職，封呂家人為王，這沒有什麼不可以。」呂后對這個回答很滿意。王陵生氣地責備周勃：「我們曾經與高祖歃血為盟起誓，難道你們都忘了嗎？現在高祖皇帝去世，太后身為臨朝執政的女主，如果封呂家人為王了，你有什麼臉面與高祖皇帝在黃泉之下相見呢？」陳平、周勃說：「要是我們在朝堂之後公然反對太后，恐怕很難，我們不能像你這麼勸諫。若想保全大漢的天下，使劉氏的後代周全，你卻比不上我們想的這麼周全。」王陵不知道怎麼回答。

同年，呂后封王陵為少帝的太傅，間接奪取了他右丞相的實權。

王陵氣惱，直接稱病，被免職，他就回老家了。左丞相陳平被提拔為右丞相，辟陽侯審食其做了左丞相。然後，呂后追封酈侯呂臺的父親呂澤為悼武王，呂家人稱王就從這裡開始。

第二年四月，呂后準備加封諸呂為王。為了避免不必要的麻煩，她先加封惠帝與後宮妃子所生的五個兒子，劉強被封為淮陽王，劉不疑被封為常山王，劉山被封為襄陽侯，劉朝被封為軹侯，劉武被封為壺關侯。諸位大臣看到呂后的暗示之後，紛紛奏請封酈侯呂臺為呂王，呂后就同意了。建成侯呂釋之去世了，他的長子因為有罪而被廢除，呂后就封他另外一個兒子呂祿為胡陵侯，繼承了建成侯的爵位。

一年後，呂王呂臺去世，呂后追封他為肅王，他的兒子呂嘉繼承了他的王位。兩年後，呂后的妹妹呂被封為臨光侯，呂他被封為俞侯，呂更始被封為贅其侯，呂忿被封為呂城侯。自此，呂氏一族人的權勢達到前所未有的高度。

少帝長大了，他偶然聽說自己的親生母親被呂后殺死了，自己並不是皇后張嫣的親生兒子，心中不滿，對人說：「太后怎麼殺死我的母親將我當成皇后的親生兒子呢？現在我還小，等我長到了，我就造反。」呂后聽說孫子口出狂言，心中很擔心，唯恐他真的長大了反對自己，於是就命人將少帝囚禁在永巷宮中，對外宣稱少帝得了重病，大臣們誰也看不到少帝。

呂后對大臣們說：「凡是擁有至高無上權力的人，就應該像上天一樣覆蓋大地，像大地容載萬物。皇帝身為天子，就應該愛護天下百姓，天下百姓這才會歡歡喜喜地侍奉皇帝。這樣天地上下的感情才能

相同，天下才能永遠太平。如今皇帝病重，神志失常，不能再繼承帝位供奉宗廟祭祀了，大漢的天子不能再託付給他。你們看誰可以登基為新的皇帝？」群臣們都叩頭說：「太后為天下百姓著想，為祖宗社稷思慮甚遠，我們恭敬地聽從您的命令。」

呂后就廢了少帝的皇位，然後暗中殺了他。隨後，她立常山王劉義為皇帝，為他改名劉弘，但卻沒有改稱元年，因為一直是呂后把持朝政。同一年，呂后設置太尉，絳侯周勃被任命為太尉。

又過了兩年，呂后封肅王呂臺的弟弟呂產為呂王，第二年又將他改封為梁王。但梁王不必去封國，而是留在朝廷為皇帝當太傅。又過了兩年，呂后封肅王的兒子東平侯呂通為燕王，封呂通的弟弟呂莊為東平侯，封武信侯呂祿為趙王，並追尊呂祿的父親康侯為趙昭王。

不久，呂后病重，她任命趙王呂祿為上將軍，呂祿統領了北軍；又讓呂王呂產統領南軍。呂后知道自己時日無多，告誡呂家人道：「高祖皇帝平定天下之後，曾經跟大臣們盟約：『不是劉家的子弟卻稱王的人，天下共同誅殺他。』現在這麼多呂家人都封了王，大臣們心中難免不平。我死之後，皇帝還年輕，大臣們可能會作亂，現在我把兵權交給你們，你們一定要抓緊兵權，包圍皇宮。我死後千萬不要為我發喪，否則大臣們就知道了，你們就會被大臣們制服。」交代完這些事，呂后就死了。

連殺三趙王

　　高祖劉邦有八個兒子，劉邦最喜歡的是戚夫人生的如意，將他封為趙王。劉邦曾經想過廢掉呂后生的太子劉盈，改立如意為太子，因而呂后心中一直嫉恨，總想找機會誅殺戚夫人和趙王如意。

　　高祖去世之後，呂后派人宣趙王入朝，但使者宣了好幾次都沒有成功。因為趙國丞相建平侯周昌受高祖所託保護如意，他對使者說：「高祖皇帝將趙王託付給我，現在他年紀還小，我知道太后不滿戚夫人，想要將他和戚夫人一起殺死，我不能眼睜睜地看著趙王去送死。趙王年又多病，恕不能接受詔命。」每次使者前來宣告，周昌都這樣說，堅持不讓趙王進宮。呂后沒辦法，只好派使者先將周昌召進都城長安。周昌到了長安之後，呂后不好意思見他。因為周昌曾經對劉盈有恩，而且在朝中德高望重，呂后不想殺他。

　　周昌堅忍剛強，以敢於直言聞名，連蕭何、曹參等人都對他十分敬重，高祖皇帝甚至都拿他沒有辦法。有一天，高祖皇帝正跟戚夫人在一起，周昌前來奏事，看到高祖皇帝，扭頭就走。高祖皇帝趕緊走上前追趕他問：「你覺得我這個皇帝怎樣？」周昌抬頭挺胸，直截了當地說：「陛下您跟夏桀、商紂王沒什麼兩樣！」高祖皇帝聽後，不但不生氣，反而對他的直言不諱很欣賞，因而哈哈大笑，從此更加敬

重周昌。後來高祖皇帝想要更換太子的時候，許多大臣都反對，但高祖皇帝心意已決，誰也勸說不動。周昌則與高祖皇帝據理力爭，不准更換太子，當高祖皇帝問他理由時，原本就有些口吃的周昌因為氣憤，口吃得更厲害了，他說：「臣雖……雖然口才不好，但我只……只……知道這樣做是不對的。陛下你要堅決廢……廢……廢掉太子，恕臣堅決不……不接受您的詔令。」高祖聽到他勉強將這句話說完，被逗樂了，此事暫且不提。呂后在東廂側耳聽到大臣們跟高祖皇帝的對話，很著急，以至於見到周昌時向他下跪，並說：「如果不是您據理力爭的話，太子的位置恐怕就不保了。」幸好此時張良為呂后制定了計策，呂后才迫使高祖皇帝放棄更換太子。

現在為了誅殺趙王，呂后不得不與周昌周旋。周昌被召到長安之後，呂后又派人召趙王。趙王年幼無知，聽到詔令不知道怎樣應對，只好進京。漢惠帝是一個仁慈的皇帝，他知道母后嫉恨趙王，於是趙王還沒有走到京都，他就親自前去迎接他。將他迎接到宮中之後，又吃住跟趙王在一起，讓母后沒有機會找茬。

一天早晨，惠帝出去打獵，趙王因為年幼，還不能習慣早起，惠帝就自己出去了。呂后得知惠帝跟趙王不在一起，立刻命人拿毒酒去毒殺趙王。等惠帝打獵完畢回宮之後，趙王已經七竅流血死去了。周昌非常氣憤，從此稱病隱退，也不再上朝拜見呂后，三年後鬱鬱而終。

趙王死後，呂后派淮陽王劉友去做趙王，還將自己的侄女嫁給劉友。劉友不喜歡呂后的侄女，寵愛其它姬妾，呂后的侄女又生氣又嫉

妒，一怒之下離開劉友，到呂后面前說劉友的壞話。她說：「劉友對我不好也就罷了，還經常私下裡對人說：『姓呂的人有什麼資格稱王呢？呂后死了之後我一定收拾這些姓呂的。』」呂后聽了這番話，大怒，立刻召劉友入宮。

劉友入宮之後，呂后卻不召見他，而是派遣衛隊看守著他，不准別人給他飯吃，也不讓人送水和任何事物。劉友的下人看不下去，偷偷為劉友送了一些吃的東西，立刻就被抓起來懲罰。劉友又餓又氣，又氣又恨，忍不住作詩曰：

諸呂用事兮，劉氏微；
迫脅王侯兮，強授我妃。
我妃既妒兮，誣我以惡；
讒女亂國兮，上曾不寤。
我無忠臣兮，何故棄國？
自快中野兮，蒼天與直！
於嗟不可悔兮，寧早自賊！
為王餓死兮，誰者憐之？
呂氏絕理兮，托天報仇！

呂后聽說這首詩之後，更氣惱，不肯寬恕他。最後劉友竟然被活活餓死，呂后不准以諸侯王的規格安葬他，而是把他當做平民一樣草草地埋在亂墳崗。十幾天之後，即正月三十日，發生了日食，大白天沒有了太陽。呂后很害怕，對下人們說：「恐怕這是因為我的緣故才惹怒了上天。」

不久，呂后又派梁王劉恢去做趙王，梁王的位置就空了下來，呂后就任命原呂王呂產為梁王。劉恢雖然被封為趙王，但呂后卻不讓他去封地，而是讓他留在朝中當皇帝的老師。同時，封皇帝之子平昌侯劉太為呂王，將梁國改為呂國，原來的呂國改名濟川國。呂后的妹妹呂產有個女兒嫁給營陵侯劉澤為妻，呂后又封劉澤為大將軍。但是她擔心自己死後劉澤帶兵作亂，於是極力拉攏劉澤，加封他為琅琊王。

劉恢從有實權的梁王變為沒有實權的趙王，很不高興。況且他原本有一個心上人，呂后卻將呂產的女兒嫁給了他，並且將她封為趙王后，劉恢就更不高興了。更可怕的是，呂產的女兒與呂后的性情很像，絲毫不將劉恢放在眼裡，趙王宮內的宮人都是呂家的人，他們都仗著娘家人有勢力，胡作非為，對劉恢很不恭，劉恢甚至沒有機會親近他自己喜歡的女子。終於有一天，劉恢對呂家人忍無可忍，對驕縱跋扈的呂產女兒大聲斥責。呂產女兒氣不過，就毒死了劉恢喜歡的那名女子。劉恢見自己身為趙王，卻連心愛的女人也保護不了，心中非常悲傷。他為那名女子做了四首歌詞，讓人們詠唱，後來越聽越難過，自殺了。

呂后知道這件事之後，反而認為劉恢為了一個女人竟然忘記了祖宗祭祀，很生氣，不讓劉恢的後代繼承王位。

就這樣，三任趙王：劉如意、劉友、劉恢，都直接或間接地死在呂后手中。

誅滅諸呂

　　西元前一八○年，呂后病死，終年六十二歲。呂后臨死前，留下詔書，詔書上說，賞賜每個諸侯王黃金千斤，將、相、列侯、郎、吏等大臣按照官階的不同，賞賜不同數額的黃金；並以呂王呂產為相國，呂祿的女兒為皇后。

　　呂后在世時，大力提拔呂家人，呂家人幾乎掌握了大漢的所有權力。這不但引起眾大臣的不滿，也引起劉氏皇族集團的嫉恨。呂后死後，劉氏皇族集團就與呂氏外戚集團展開激烈的權力爭奪戰。

　　最開始，諸呂獨攬大權，他們打算徹底清除劉家子弟，將劉氏江山變成呂氏江山，但他們擔心大臣周勃、灌嬰等人不支持，因而不敢輕舉妄動。朱虛侯劉章娶了呂祿的女兒為妻，因為這層姻親關係，他知道了諸呂的陰謀，於是暗中派人通知哥哥齊王劉襄，讓劉襄發兵西進，殺掉呂家人，自己當皇帝。如果不出意外的話，劉章的確有資格繼承皇位，他自己是朱虛侯，他的哥哥是齊王劉襄，弟弟是東牟侯劉興居，並且他為人又氣概有勇力，個人素質在劉家子弟中，當屬佼佼者。

　　齊王劉襄果然發兵東進，他先奪了琅琊王劉澤的軍隊，然後率領

兩支軍隊一起向長安進發。同時，劉襄還寫信給其它劉家諸侯王說：「呂后臨朝稱制，對諸呂大加重用，擅自廢掉和改立皇帝，誅殺劉如意、劉友、劉恢三個趙王，廢除梁、趙、燕三個劉氏封國，好處全部給了呂家人。現在呂后死了，諸呂依舊脅迫諸侯、忠臣，假傳聖旨，讓天下人聽命於自己，恐怕劉氏的宗廟要瀕臨危境。我現在率兵就是要殺那些不該稱王的呂家人。」其它劉氏諸侯見了，也義憤填膺。

京城這邊，相國呂產命潁陰侯灌嬰迎擊齊王。灌嬰到了滎陽後，跟將士們一起商量：「京城的諸呂握著兵權，試圖陰謀顛覆劉氏江山，自己稱帝。如果我打敗齊國回去，就增加了呂家人的力量，這是不妥的。」於是就將軍隊留在滎陽，命人火速告知齊王和其它劉氏諸侯，他願意跟劉氏諸侯聯合起來，希望大家再等一等，等到呂氏發動變亂，共同誅殺呂家人。齊王得知灌嬰的計劃之後，就帶兵返回齊國的西部邊界，等待雙方事先約定好的時機行事。

在京城長安，太尉命主管符節的襄平侯紀通拿著符節假傳聖旨，說讓太尉進入北軍。太尉進入軍門後發令：「擁護呂家人的，請袒露右臂；擁護劉家人的，請袒露左臂。」結果軍中所有的士兵都舉起了左臂，太尉取代了呂祿，統帥北軍等待劉家子弟。

此時，京城的另外一支軍隊南軍還在呂氏手裡。平陽侯曹窋知道呂產的陰謀，把他告訴丞相陳平。陳平就找朱虛侯劉章，讓他協助太尉成事。於是太尉派劉章監守軍門，劉章命令曹窋通知未央宮衛尉：「不准放呂產進入殿門。」

呂產不知道北軍已經落入太尉手中，他進入未央宮準備作亂，但

進不了殿門，不知道發生了什麼事情，就在宮殿門外著急地走來走去。

平陽侯擔心難以取勝，就告訴太尉，太尉也擔心無法戰勝呂家人，因此看到呂產落單，也不敢明說殺掉呂產。於是就請朱虛侯劉章進宮，對他說：「趕快進宮保衛皇帝。」劉章要求派兵，太尉就給了他一千多人馬。劉章進入未央宮，看到呂產一個人在殿外等候，就趁機發起攻擊，呂產不妨，逃走。這時候已經是晚上了，狂風大作，呂產的隨從官員已經陷入混亂，沒有人抵抗。劉章趁機狂追呂產，一直將呂產追到郎中令官府的廁所中，將他殺掉了。

劉章殺掉呂產後，皇帝派謁者手持符節前來慰勞。劉章本想奪過符節，但謁者堅決不從，劉章只好與謁者同乘一輛車，憑著符節在宮中驅馬奔跑，趁機斬殺了長樂宮的衛尉呂更始。

太尉知道這些事之後，起身拜賀劉章：「我們就是擔心呂產。他是相國，又掌握著南軍。既然現在他已經死了，劉家的江山就穩定了。」劉章將誅殺諸呂的事情通知齊王，齊王收兵，灌嬰也從滎陽收兵回京。

然後，眾大臣聚集在一起商量目前的局勢。大家都認為：少帝、呂（梁）王劉太、淮陽王劉武、常山王劉朝，都不是孝惠皇帝真正的兒子。呂后騙大家將別人的兒子抱過來，謊稱是惠帝的兒子，殺掉他們的生母，將他們養在後宮，讓惠帝將他們認做兒子，立他們為繼承人。這些人或者登基為帝，或者被封為諸侯王，其實都不只不過是加強呂家人統治的工具。如今既然呂家人已經都消滅了，就沒有必要留

著呂氏所立的人，就更不能等他們長大了再掌權傷害我們這幫人了。不如我們現在挑選一個真正的劉家人為繼承人。

至於挑選誰為繼承人，大家的意見不一。

有的大臣說：「齊悼惠王劉肥是高帝的長子，現在的齊王又是嫡子，如果立嫡立長的話，齊王作為高祖皇帝的嫡長孫，可以立為皇帝。」

但其它大臣說：「呂氏就是借外戚而專權作惡，殘害忠良，大漢的江山幾乎毀在他們手中。齊王的外祖母家姓駟，駟鈞也是一個惡人，如果立齊王為皇帝，將來駟氏恐怕會走呂后的道路，大漢的江山依舊不穩。」嫡長孫失去了繼承皇位的資格。

有人又提出立淮南王劉長為帝，但又覺得劉長太年輕，他的外祖母家也很不好惹。

有人說：「代王劉恒是高祖皇帝中活著的兒子中最大的了，他為人寬厚仁孝，太后薄夫人又是一個很謹慎、善良的人。況且擁立最大的兒子原本就名正言順，代王以仁愛孝順聞名天下，立他為帝最合適。」

很多大臣同意這個提議，於是大家就派人將代王召進京，但代王推辭了。大臣又派使者邀請，代王才帶著隨從乘坐六輛驛車進京。代王到達長安後，先住在代王的官邸，大臣們都前去拜見，將天子的玉璽奉上，尊他為天子。代王仍舊推辭，大臣們堅持請求，代王才勉強接受。大家為代王舉行了隆重的登基大典，代王就是漢文帝。

孝文本紀

漢文帝即位

漢文帝劉恒是高祖劉邦的第四個兒子，也是漢惠帝劉盈同父異母的弟弟。劉恒的母親是薄姬，曾經做過魏豹的寵妾。魏豹被劉邦打敗後，薄姬也成為俘虜被漢軍抓獲。有次，劉邦見到了薄姬，見她長得還不錯，就收到了自己的後宮裡。薄姬進宮後，雖然不怎麼受寵，但是很快生下了皇子劉恒。高祖十一年，也就是西元一九六年，劉邦在親自平定了代國陳豨的叛亂後，封時年八歲的四子劉恒為代王，定都於中都。漢惠帝病逝後，呂后立了年幼的少帝。呂后死後，呂氏的呂產、呂祿打算發動政變，被大臣周勃、陳平平定。接著，代王劉恒被選中作為皇位的繼承人，就是漢文帝。

劉邦一共有八個兒子，劉恒算是運氣最好的那個了。呂后為劉邦生下了漢惠帝劉盈，可惜劉盈很早就病死了。劉盈死後，呂后為了鞏固自己的統治，開始肆無忌憚地對劉邦的兒子們揚起了屠刀。呂后先後殺害了劉邦四個兒子，再加上大兒子劉肥在呂后死時已經不在世，能夠繼承皇位的只剩下劉恒和劉長。

劉恒之所以可以在惡毒的呂后手裡存活下來，很大的一個原因是由於他母親的關係。薄姬本來是項羽所封的魏王魏豹的一個小妾，雖然後來生下了劉恒，但她的出身加上劉邦對她的冷淡，都使得她一直

處於小心度日的狀態中。在母親的這種薰陶下，劉恒從小就很會做人，從來不會惹什麼麻煩，給朝廷上下都留下了不錯的印象。他七歲的時候，在三十多位大臣的保薦下，當上了代王。劉恒的地位雖然不像其它皇子那樣無比尊貴，但是這也恰恰為他躲避日後呂氏的迫害打下了基礎。就這樣，一直不起眼的劉恒很幸運地活了下來，最後又登上了皇帝的寶座。

陳平和周勃在呂后死後，及時地消除了呂氏一族的禍患。當時的皇帝是劉弘，但周勃和陳平都認為劉弘不是惠帝的後代，不適合繼續當皇帝。最後，他們選擇了劉恒，接著就派了使者到代國去接劉恒來長安。

當長安派來的使者稟明來意後，劉恒忙召集來手下的大臣進行商議。郎中令張武建議說：「現在朝中的大臣都是高祖皇帝時期留下來的，他們都是很有本事的人，我們絕不能等閒視之。陳平他們之所以要迎立大王，恐怕不是出於他們的本意，只不過是忌憚先帝和呂后的威勢罷了。現在呂氏剛被剷除，京城肯定不會太平。這個時候派人來迎接大王，一定還有什麼我們不知道的目的，所以，還是不去為好。大王您可以謊稱有病，在代國靜觀其變。」中尉宋昌卻說道：「我不同意這種看法。秦朝混亂不堪時，很多人都揭竿而起，每個人都認為自己能夠成就一番事業，誰也沒想到最後這江山被高祖坐了。到了現在，劉氏已經成了皇室的代名詞，不會再有其它的人想在秦朝末年推翻劉氏而自立，這是我要講的第一個理由。第二個理由是，高祖皇帝在世時已經考慮到外臣專權的問題，所以他大肆分封諸劉，建立了劉氏統治的堅強基礎，沒有別的人敢挑戰這種力量。自我大漢立國以

來，一直都實行休養生息的無為政策，廢除了秦朝的那些殘酷的法令和賦稅徭役制度，輕繇薄賦，與民生息，天下歸心，難以撼動，這是我要說的第三點。呂氏雖然也被封為王，權高位重，獨斷專行，看起來似乎難以與其匹敵，但太尉不過是憑藉著一支符節，到軍隊中振臂一呼，士兵們立馬倒戈，這說明大家對於劉氏都是忠誠的，這是天意所在，非人力可為。就算那些功臣們想要搞些小動作，天下的百姓都不會答應，他們自然也成不了什麼大事。長安城裡現在有朱虛侯、東牟侯這樣的宗族，城外又有各個強大的諸侯國，哪個大臣有膽量造反？高祖的兒子就只剩下您和淮南王了，您是兄長，又以禮儀仁孝聞名天下，京城之所以立您為皇帝，是大勢所趨、人心所向，請大王不要再猶豫了。」

在聽取完大臣的意見後，劉恒還是拿不定主意，他又去向太后薄氏稟告了事情的原委，還是沒能做出決定。迷茫的劉恒又命人用龜甲來進行占卜活動，結果卜辭顯示：「大橫是更替的預示，我將坐上天王的位置，像夏啟那樣，將父輩的偉業發揚光大。」劉恒不解地問道：「我已經是王了，怎麼還說我要做王？」占卜的人回答說：「卦上說的是天王，就是天子的意思。」

劉恒這才有些相信，派了太后的弟弟薄昭到京城去見絳侯周勃。周勃和陳平將擁立劉恒的原因全盤托出，薄昭於是回去對劉恒說：「都是真實的，不需要再進行懷疑了。」劉恒這才露出了笑容，對宋昌說道：「你果然說對了。」然後立刻帶上親信乘車前往長安城。等到了高陵的時候，劉恒不放心，又派了宋昌前去京城打探消息，自己一行人在原地等候。

等到宋昌來到渭橋時，丞相以下的官員都已經等在那裡迎接了。宋昌回去將情況給劉恒說了，劉恒這才放心地到了渭橋。群臣見了劉恒都跪地參拜，劉恒也趕忙下車還禮。太尉周勃上前說道：「我有些事需要單獨對大王您說。」劉恒不卑不亢地回答道：「如果您要說的是公事，那麼就當著大家的面講出來；如果說的是私事，身處王位的人是不聽取私事的。」周勃一聽，連忙下跪將皇帝用的玉璽和符節獻上。劉恒辭謝道：「現在為時過早，還是等到了府邸再說吧。」於是坐上車到代王府去了，重臣也都跟著過來了。丞相陳平、太尉周勃、大將軍陳武、御史大夫張蒼、宗正劉郢、朱虛侯劉章、東牟侯劉興居以及典客劉揭一干人等都一一上前參拜，說道：「劉弘不是孝惠皇帝的親生兒子，按禮不應該繼承大統。我們大家在和諸位諸侯王以及大臣們商量後，一致決定推舉大王您做皇帝，希望您能夠盡快登基。」劉恒推辭道：「做皇帝這是關係國家社稷的大事，我劉恒何德何能，能夠被大家舉薦，實在是慚愧。還請眾位大臣能夠再仔細考慮，挑選出真正能夠繼承大統的人選，我實在是不敢從命。」眾人聽後都跪地不起，堅決要求劉恒答應下來。劉恒又謙讓了幾次，就是不肯接受。陳平說道：「這件事我們已經考慮得很清楚了，一致認為大王您才是最合適的人選。就算現在廣徵天下百姓的意見，相信也不會有比這更好的結果了。我們為人臣子的，做事情肯定會盡心竭力，不敢有一絲疏忽。如果大王您能夠聽從我們的意見，那皆大歡喜。現在，請允許我們恭敬地向您獻上代表天子權威的玉璽和符節。」劉恒這才說道：「既然大家一致認為沒有比我更合適的人選，那我也不敢再推辭了。」於是，代王劉恒就即位做了大漢天子。

　　小心謹慎的劉恒最終在眾大臣的擁立下順利登基，住進了未央宮中。

孜孜求治

在漢文帝住進未央宮的當天夜裡，就下令將宋昌封為了衛將軍，負責南北兩軍；又下令封張武為郎中令，負責保衛宮中安全。這是因為，劉恒深知軍權的重要性。有司衙門先後誅殺了少帝和他的皇后以及三個弟弟，劉恒這才回到了前殿，連夜頒佈詔書，下令大赦天下。

漢文帝知道自己之所以能夠坐上皇帝的寶座，只是因為自己的背景比較單純，所以得到了很多大臣的支持。登基伊始，他就先是將誅滅呂氏的有功之臣都封賞了一遍。周勃成了右丞相，陳平被封為左丞相，灌嬰則做了太尉。做了右丞相的周勃覺得自己擁立文帝有功，便驕傲起來。每次早朝結束後，他出來的時候都擺出一副高高在上的樣子，似乎連皇帝都不被他放在眼裡。周勃的手下看了這種情況，提醒他說：「丞相您以後注意點，功高蓋主啊！當心引火焚身！」周勃這才意識到事情的嚴重性，連忙跑到文帝面前辭去了右丞相的職務，文帝果然很爽快就答應了。一年之後，名相陳平去世，文帝再次徵召周勃為相。但周勃的這次為相之旅只持續了十個月的時間，文帝藉口列侯歸封國這件事將他免職。後來當有人舉報周勃圖謀不軌、意圖謀反時，文帝不問青紅皂白立即命人將他抓捕。周勃最後靠文帝的舅舅薄昭的求情才得以恢復自由。

漢文帝是一個對農業生產十分重視的皇帝。他當上皇帝後，多次頒佈詔書鼓勵百姓進行農業生產，他還將人口按照戶口比例分為三老、孝悌、力田等，常常賞賜他們一些東西。與此同時，文帝還十分重視對百姓負擔的減輕。他先後兩次減免租率，到了後來，三十稅一漸漸成了漢朝的一個鐵律。

　　文帝坐上皇位之初，也就是西元一七九年的十二月，他曾說過這樣一段話：「法律的功能在於治理國家、制止暴行、指引著人們多行善事。但現在我們的法律在懲罰犯罪的人後，還要使罪犯們無辜的父母、妻兒和兄弟姐妹也平白無故的遭受懲罰，甚至還要被當做奴婢。這樣的做法，我很不認同。希望眾位愛卿可以商量商量，做出些調整。」主管這方面的官員說道：「老百姓都是需要管理的，否則就會犯上作亂。制定法律的目的也就是為了使百姓們能夠安分守己。連坐這種制度是法律發揮作用的一種重要手段，這樣百姓在做壞事之前，就會考慮到自己的行為給家人朋友帶來的後果，就會有所顧忌。這種做法自古有之，不應該輕易變動。」文帝說道：「我聽說，只有公正的法律才可以令百姓忠厚，只有合理的判罰尺度才能夠令眾人從心裡真正地服從。至於你說的引導百姓向善的問題，這是做官者應做的事情。如果不能引導百姓向善，這已經是為官者的失敗了，如果再因為這而怪罪於百姓，用不公正的處罰來強加於他們，這不是逼著他們去為害嗎？怎麼可能起到防止犯罪的目的呢？我實在不知道這樣的法律有什麼值得保留下來的價值，你們還是再好好考慮一下吧。」官員們這才答道：「陛下真是千古賢君，一心為天下百姓考慮。陛下高瞻遠矚，所見所識非我們這些人所能企及。我們馬上就按照陛下的意思將

這些不公正的法律廢除掉。」於是，漢文帝對秦朝留下來的嚴酷刑罰做出了重大的改變。秦朝時期，很多犯人都會被判處為隸，甚至更重的罪名，這些都是終生服役的處罰。漢文帝對這種法律十分不喜歡，他下令要根據罪行的輕重來進行處罰，並劃定服刑的期限。一旦犯人刑滿被釋放，就該恢復自由的身份和名聲。秦朝的法律還規定，犯人的父母妻兒、兄弟姐妹，統統都要受到牽連而下獄，嚴重的會被處死，輕的也要被收到官府裡做奴婢，這一條被稱為「收孥相坐律令」。文帝下令將這條法令立即廢除。秦朝還有黥、劓、刖、宮這四種肉體上的刑罰，漢文帝下令將黥、劓、刖這三種都改用笞刑來代替，接著他又減輕了笞刑的懲罰度。

文帝即位後的第二年，也就是西元一七八年的二月，又召集大臣們商量道：「古時候的諸侯國大概有一千多個，諸侯們平時都住在自己的封地，只要按時向朝廷交納供奉就行，雙方都平安無事，百姓們也不用遭受什麼苦難，天下一片欣欣向榮，沒有發生什麼不道德的事件。現在很多列侯都留在長安城中，離他們的封地很遠，來來回回的浪費了很多資源，列侯們也不能夠教育管理好自己的臣民。」於是文帝下詔命令列侯們都回到自己的封地去住，如果在京任職，那也必須將太子送回封地，其它的一律不許在京師逗留。詔令執行後，大大減輕了人民的負擔。

漢朝的時候，在那些軍事重地和邊疆要塞，都會設置很多關卡來限制人口的自由流動，檢查過往的行人來往。當時出入關隘時，需要拿一個「傳」，就是通關的憑證，才可以被放行。到了三月，漢文帝將這種制度廢除，從而促進了商品的流通和各地的經濟往來，同時，這也對農業的發展起到了一定的作用。

十月份時，漢文帝又提出了一個觀點：「自古以來，君主治理天下靠的就是那些敢於仗義執言的諍臣。現在的法律中有一條不允許大家對朝政隨便議論的命令，這難道不是逼著大家不敢講真話嗎？這樣一來，作為君主我也不能夠及時察覺到自己的過失，更談不上可以吸引人才了。所以我建議廢除這一條規定。普通百姓之間很可能會幾個人聚在一起發發牢騷，大家互相約定好保守秘密，可回頭又互相出賣，做官的大都認為這樣的行為是大逆不道，如果再有其它的不滿，他們就又認為這是刁民在誹謗朝政。在我看來，這只不過是小老百姓的愚昧表現而已，並沒有什麼惡意。如果因為這樣而送了命，那實在是很冤枉。所以，從此以後，再遇上這樣的案例，就不要再審理治罪了。」

到了漢文帝在位的第十二年，也就是西元前一六八年，大臣晁錯對他建議說：「招募天下的人到邊疆去開荒，並可以憑此來受爵免罪，如此施行下去，不超過三年的時間，邊疆的糧食肯定會充足起來。」文帝聽後覺得很有道理，於是採納了這個意見。文帝採用了公開賣爵的方式來填充邊疆地區的糧草。晁錯又向他建議說：「這樣的方法可以使邊疆獲得五年的糧食，我們可以將這些糧草輸送到各地縣去，使得各地的糧食都充足起來，這樣一來就可以免除天下的田租。」如此一來，農民的境況有了很大的改善。

西元前一六七年的夏天，國家發生了很大的旱情和蝗災。漢文帝為了保障人民的生活，下令不再令諸侯國向朝廷進貢物品，並將原來只歸國有的大山大湖向私人開放，允許私人開發礦產和各類魚鹽資源。同時削減皇宮的開支，裁減了很多奴僕，並打開國庫救濟百姓。

漢文帝的這一系列措施，使得在戰亂中遭到很大破壞的經濟迅速恢復發展了起來，人民的生活水準得到了很大的提高，漢王朝也日益強盛起來，為中國封建歷史上第一個盛世的到來奠定了堅實的基礎。

節儉的漢文帝

在漢文帝當上皇帝後的第二年，即西元前一七八年，在這年十一月的最後一天，發生了日食。到了十二月十五日，日食再一次發生。在古代，發生日食被認為是凶兆，漢文帝於是下了一道詔書說道：「我聽說，上天為了治理好天下的百姓，設置了君主。如果君主不能很好地執行上天的意願，執政不仁，那麼上天就會通過一些異樣的徵兆來進行警告。現在在我的治理下，竟然在十一月的最後一天發生了日食這樣的不祥徵兆，一定是我做錯了什麼事。既然我做了君主，侍奉宗廟、治理萬民，那麼天下的安定和動盪就都是我造成的結果。眾位大臣你們就好像是我的左膀右臂一樣。現在，我對下不能很好地治理我的臣民，對上還影響了日月的光輝，使日食這樣的不詳事物發生，實在是缺乏道德的表現。你們接到詔書後，都要仔仔細細地回想一下我過往的作為，指出我的過失。除此以外，你們還要多推薦一些方正賢良、敢於直言進諫的人才來輔佐我，好彌補我的過失。趁這個機會，眾位愛卿也要各自整頓一下自己的政事，千萬記住要與民為善，要盡一切可能來減輕百姓的負擔。我常常因為自己的仁德不夠，以至於不能夠將國家的榮光傳播到遠方去而憂慮，擔心邊疆地區的那些少數民族會為非作亂，所以一直沒有停止對邊疆事務的關注。現在已經不能夠裁撤邊疆的軍隊了，我怎麼可以再為了一己的安全來增加

軍隊的數量呢？我覺得應該將衛將軍統領的軍隊撤掉。而太僕掌管的現有的馬匹數，留下夠用的，將其它的都交給驛站。」於是，審計部將長安城裡的馬匹數統計了出來，將那些用不著的都送到了驛站裡去。

為了鼓勵農業生產，在即位的第三年，文帝又頒佈了一道勸課農桑的詔書，書中寫道：「農業是一個國家的根本，就是皇帝也應該親自下地進行勞動，我以後會帶頭進行這些生產活動，用自己耕作的糧食來祭祀祖宗。」詔書頒佈後，漢文帝果然親自走進田間地頭去扶犁耕地，作為表率。漢文帝還採納了晁錯的意見，准許國人用糧食來換取爵位和抵罪。同時大肆削減了徭役賦稅。漢文帝還十分提倡節儉，他自己就是一個嚴厲執行節約計劃的人。除了嚴以律己外，漢文帝還要求官員們不得為了任何原因去進行擾民行為。

漢文帝一共在位二十三年，在此期間，宮裡的房屋、園林、衣服、車馬等物品沒有一點增加的。對於那些對百姓有害處的事情，漢文帝都一律予以廢止，盡一切可能給百姓創造好的生活條件。漢文帝有次想要建一座高臺，找來施工的技術人員一計算，得知這要花費百斤黃金，於是便放棄了，文帝說道：「百斤黃金差不多是十戶人家加起來的全部家產數量了。我已經享有了先帝留下來的宮殿了，這已經很奢侈了，還怎麼能破費建什麼高臺呢？」

漢文帝還是一個非常有孝心的君王。薄太后重病的三年時間裡，他經常衣不解帶地在左右伺候，薄太后的藥每一次他都要親自嘗後才給薄太后喝。在漢朝的所有皇帝中，漢文帝可以說是最勤奮、最節約

的一個。他平時所穿的衣服都是些品質很普通的絲織品，就這樣每一件衣服都要穿還幾年才丟掉。文帝對後宮要求也很嚴格，要求皇后親自養蠶；就是對他最寵愛的慎夫人，也不允許她穿華麗的衣服。宮裡所用的帷帳統統都不允許繡上彩色的花紋。所謂上行下效，皇室的這種行為使得當時的整個社會都以簡樸為榮。這對於恢復當時的經濟、促進農業發展起到了很大的作用。

漢文帝還命令，自己的陵寢建造，統統使用瓦器，不能使用金銀銅錫這類的奢侈品，墳墓不能修得高大，凡事以節儉為原則，一定不能打擾到百姓。後元七年己亥日，漢文帝在未央宮駕崩。文帝留下的詔書中寫道：「朕聽說，天下萬物都是有生存規律的，沒有什麼是可以永生的。死亡是再平常不過的事了，是所有生物的最終歸宿。所以大家都不要悲傷。現在的人，都喜歡活著，而對死亡報著厭惡的態度，即使死了還要費盡一切心思來進行厚葬，甚至於耗盡家產。因為喪事而加重對身體的傷害，這在我看來就很不可取了。而且我這個人，生前對國家、對黎民百姓也沒有作出什麼大的貢獻，現在將要離開人世，還要讓天下的人都為我披麻戴孝、哭泣悲傷，忍受冬夏的極端氣候，損害大家的心靈、減少大家的飯量，甚至暫時中止了對鬼神的祭祀活動，這樣做的結果只能是加重我的無德，我更沒有臉面去面對天下的百姓了。我因為幸運而登上了皇帝的位置，得以對宗廟進行保護，這樣的日子已經有二十多年了。靠著神靈的庇祐、社稷的福氣，國家才能夠和諧，沒有發生戰亂。我這個人，不是很聰明，總是擔心自己的行為會帶來什麼過錯，使得先帝流傳下來的高尚品德被玷污，日子久了，又總是擔心不能夠維持下去。現在有幸能夠頤養天

年，將要被供奉在宗廟裡享受後代的祭祀，實在是很幸運。像我這麼平凡的人卻能夠獲得這麼好的結局，實在是令我安慰，還有什麼值得遺憾、悲傷的呢？所以我決定，全國的官員和百姓，在收到這份詔書後，只能為我哭泣三天，三天以後，一切照常。婚嫁、祭祀、喝酒、吃肉這樣的行為，都可以正常舉行。按規矩要去參加葬禮的人，都要穿著鞋去，所用的麻帶一律不能超過三寸的厚度，不要將車架和兵器陳列上來，也不要發動民間的男男女女到宮裡來哭喪。宮裡那些按照規定要哭喪的人，只需要在早上和晚上各哭十五聲就夠了。除了早晚的時間外，任何人不能隨便哭泣。待我下葬後，之前規定應該服喪九個月的大功改為十五天，五個月的小功改為十四天，而需要服喪三個月的緦麻只需要七天就可以脫去喪服了。其它方面的問題，也都按照這道詔書的意思辦理。這道詔書一定要昭告天下，使全天下的百姓都能夠明白我的意思。霸陵四周還保持它之前的模樣，不要有任何的改變。後宮的夫人們還有少使，都將他們遣回娘家去。」

漢文帝在位期間，憑藉著自己的勤奮、節儉和寬容，漢朝的社會穩定、經濟繁榮，為「文景之治」打下了堅實的基礎，漢文帝也成為中國歷史上著名的賢君。

緹縈救父

漢文帝劉恒的母親薄氏，因為出身低微，劉邦在世的時候就很不得寵。因為擔心會被呂后迫害，薄氏主動提出要和兒子一起到代郡去居住。代郡和皇宮比起來，條件自然差很多。漢文帝從小就很懂民間的疾苦，所以在他即位不久後就下了一道詔書，規定：「一個人犯了罪，只懲罰本人就好了，為什麼要連累別的無辜的人呢？這樣的法令是很不合理的，我希望能夠更改。」大臣們商量後，果然按照漢文帝的意思更改了法令，廢除了連坐的制度。

西元前一六七年，在臨淄有一個叫淳于緹縈的小姑娘，她的父親是當地的一個醫生，經常給別人看病，小有名氣，叫淳于意。淳于意本是一個讀書人，做過齊國的太倉長，所以大家都叫他倉公。

淳于意師從楊慶，學習了關於黃帝、扁鵲的醫書，學會了五色診病。三年以後，淳于意醫術大精，遠近聞名。很多人都稱他為神醫。有一次齊國的侍御史因為頭疼去找淳于意醫治，淳于意為他診過脈後，斷定他患了疽症，病因是貪酒所致，五天內就會腫脹，八天後會吐濃痰而死。到了第八天，情況果然如此。

隨著名氣的增大，找淳于意看病的人越來越多，而他又常常不在

家中，所以很多人都失望而歸。久而久之，便招致了一些怨言。再加上有些病他醫治不了，很多人便會以為是淳于意不肯盡心治療，見死不救。常此以往，終於出了禍患。

有一次，有個富商的夫人生了病，請淳于意過去醫治。淳于意看過病情後說道：「這是絕症，無藥可救，活不了幾天了。」富商執意要淳于意進行醫治，淳于意推卻不過，只好開了幾副藥給他。沒過幾天，富商的妻子果然病逝了。富商仗著自己勢大，將淳于意告上了衙門，說他為醫不仁，害死了人。當地官員在富商的一面之辭下，判定淳于意有罪，要受肉刑。因為淳于意曾經做過官，按照法律需要送到長安去執行，於是便被押送到了長安。

淳于意沒有兒子，只有五個女兒。離開家的時候，他對著自己的女兒們歎氣道：「沒有個兒子真不好，到了危急時候，連個幫手都找不到。你們幾個連一個有用的都沒有。」其它幾個女兒都只是低頭痛哭，只有最小的緹縈很氣憤地想：憑什麼說女兒就沒有一點用呢？於是就提出了要和父親一塊到長安去的要求，家裡人再怎麼勸她，她都不為所動。

緹縈跟著父親到了長安後，找人幫忙寫了一篇奏章，自己來到宮門口將奏章交給了守門的衛士。漢文帝收到奏章後，聽說是一個不知名的小姑娘送過來的，十分好奇，見那奏章上是這樣寫的：「我的名字是淳于緹縈，太倉令淳于意是我的父親。我父親在做官的時候，大家都誇他是一個好官。現在他有了過失，要被執行肉刑，我很傷心，但這傷心不止是為了自己的父親，也是為了天下所有的百姓。很多人

只是由於疏忽而犯了錯誤，如果因此就砍去他們的手腳、或者是削掉鼻子，未免太殘忍了。肉體一旦殘破，就沒有辦法再恢復。我自己情願被官府收為奴婢，只要求能夠替我的父親恕罪，給他一個重新開始的機會。」

漢文帝讀過奏章後，對這個叫緹縈的小女孩十分欣賞，覺得她說的很有道理，於是就將大臣們召集起來商量這個問題。漢文帝說道：「我聽說，在虞氏的時候，對待罪犯只是通過在他們的衣帽上畫上標誌或者是給他們穿上特別的衣服，以此來懲罰他們。如此一來，百姓們就不會去犯法了。這是什麼原因呢？因為當時的政治已經十分清明了。現在我們雖然制定了更為嚴酷的法律，可是犯法的事情還是屢禁不止。為什麼會出現這種情況呢？難道不是因為我們現在的政治不夠清明嗎？我為自己的過失感到慚愧。正是因為我的教育方法不完善，所以才使得很多愚昧的百姓走上了犯罪的道路。《詩經》上寫道：『那些和藹可親的官員才是百姓的父母官。』可是，現在只要有人犯了罪，我們就直接對他們施以嚴刑，而不對他們進行教育指正，這樣一來，即使有人想要改過自新，也沒有機會。我覺得他們都很可憐。因為一些過失就任意地割斷別人的肢體、刻意損傷犯人的皮膚，使得他們一輩子都留下這些記號，這是一件多麼殘忍而不道德的事情啊！身為百姓的父母官，你們這樣做難道不會難過嗎？犯罪要受罰，這是毋庸置疑的。但並不能不給犯了罪的人改過自新的機會啊。現在我們對待犯人，不是在他的臉上刺字，就是隨意砍掉他的四肢，這樣怎麼能令百姓歸心呢？你們大家商量一下怎樣廢除肉刑吧。」大臣們商量後，得出了一個辦法，決定用打板子的懲罰來代替肉刑。以前要砍掉

腳的，改為打五百大板；原來需要割掉鼻子的，改為打三百大板。漢文帝不久後就正式下詔廢除了肉刑這種殘忍的刑罰手段。這一切都要源於淳于緹縈的一片孝心。緹縈不僅救了自己的父親，也救了很多犯了罪的人。

淳于意躲過此劫後，開始用心鑽研醫學。他研製出的湯藥這個成果對中醫的發展作出了很大的貢獻。他也因此被寫進了中醫的歷史中，成為了一個令人尊敬的名醫。而緹縈救父的故事也被後人編入了二十四孝的故事中，一直流傳至今。

孝武本紀

少君與少翁

漢武帝劉徹是西漢的第五個皇帝，小名叫劉彘。漢武帝終生都對鬼神之事很相信，總想著能夠長生不老，在這方面花費了不少的精力和財力，也被很多方士欺騙過。每次漢武帝發現自己被那些江湖術士欺騙後，都會毫不猶豫地將他們處死，但並沒有因此而對鬼神之事產生懷疑，於是，經常是殺了一個又寵信另一個，如此循環往復，陷入了泥潭之中而不自知。

西元前一三三年的冬天，漢武帝在雍城的五畤原遇見了一個叫做李少君的方士。此人自稱有可以使人長生不老的秘方，使得很多王公貴族對他巴結奉承，騙取了很多的錢財。

有一次，武安侯田蚡請人邀請李少君到府上赴宴。李少君看到座中有一個白髮蒼蒼的九十多歲的老人很是顯眼，為了顯示自己的神性，他故意在宴會進行一半的時候走到這個老人面前說：「我之前曾經和你的爺爺一起在南山打過獵。」接著又仔細講述了當時的情景。聽到的人都十分吃驚，因為這個老人已經九十多歲了，李少君竟然跟他的爺爺一起打過獵。老人顯然也嚇了一跳，在他還是一個小孩的時候確實和爺爺一起到南山打過獵。老人將舊事講出後，大家都更加吃驚了。

漢武帝召李少君入宮，當時宮中擺設有很多的舊銅器，漢武帝就詢問李少君知不知道這些銅器的來歷。李少君之前聽說過漢宮中留有齊桓公時代的銅器，於是就信口胡編道：「這是齊桓公十年時，擺在柏寢臺的那一件。」結果一看銅器上的落款，果然如此。聽說的人都無不稱奇，將李少君當做活神仙來看了。李少君又對漢武帝說：「只要祭祀灶君，就能夠使鬼神來為陛下服務。通過驅使鬼神，就可以得到丹沙。將丹沙進行煉燒，就能夠得到黃金。用這樣煉製出來的黃金打造成的器具來吃飯，就可以延年益壽。只有延年益壽了，才能夠看到蓬萊山上的神仙。只要見到了神仙，然後再到泰山去封禪，就能夠長生不老了。黃帝就是這樣才成仙的。」

　　漢武帝對長生不老的熱情一直很高，於是就按著李少君的方法做了起來，開始對灶君進行祭祀活動，並派了很多的方士乘船東行去尋找所謂的蓬萊山和煉丹術。與此同時，他還讓李少君待在宮中煉製丹藥。結果沒過多久，李少君竟然病死了。漢武帝對李少君是仙人一事一直深信不疑，以為他只是拋去了肉身，登仙去了，從此以後更加癡迷此道。

　　李少君死後，武帝又發現了一個方士，來自於齊國的一個叫士少翁的人。少翁的名字是少年老人的意思。士少翁雖然看上去面色紅潤、唇紅齒白，一副年輕人的模樣，但他卻對別人說自己已經有二百多歲了。

　　當時，漢武帝最喜歡的王美人死了，惹得他總是悶悶不樂。少翁在得知這個消息後，自己跑到宮裡要求見漢武帝。見了武帝後，少翁

信口開河地說道:「我會一種法術,可以使已經死去的人顯靈,我現在就可以讓王美人和陛下相見。」漢武帝一聽,趕緊讓少翁做法。到了晚上的時候,少翁要來了一件王美人生前所穿的衣服,選取了一間密室,在屋子裡的左右兩邊都放了一張床,上面還都掛上了白紗帳子,帳子前麵點上了紅燭、擺上了酒肉,然後又讓漢武帝藏在右邊床上的帳子裡,告訴他不要隨便亂動。到了三更的時候,漢武帝果然看見左邊的床上帳子裡出現了一個美女的身影,隱約看來,好像就是他日夜思念的王美人。

漢武帝內心一陣狂喜,立馬就想從床上跳出來去見王美人。少翁害怕自己的騙局被識破,連忙死命地拉住了漢武帝,對他說:「陛下萬萬不可衝動啊!這只是王美人的魂魄而已,她害怕陛下思念太甚,所以才來相見。魂魄不比我們活人,不能夠把握住。如果您執意要到王美人那裡去,萬一陽氣太重,將王美人的魂魄逼走,那就得不償失了。」漢武帝一聽有理,也就不再堅持。

在得到漢武帝的寵信以後,少翁更加肆無忌憚地吹噓起自己的法術來。他對漢武帝說:「陛下您想和神仙相見的心情我可以理解。但是您現在宮裡所用的一切都跟神仙的十分不同,這樣又怎麼能奢求神仙的到來呢?」漢武帝一聽,立刻命人按照少翁的建議改造宮殿,四處都畫上了神仙的雲氣之圖,以求能夠使神仙駕臨。

如此折騰了一年,連神仙的影子都沒有出現。漢武帝有些沉不住氣了,對少翁產生了懷疑。少翁為了繼續自己的騙局,又想出了一個主意。他自己在一塊絹帛上寫了一些字,攪拌到飼料裡餵給了牛吃,然後裝作一副什麼都不知道的樣子。

有一天，少翁請漢武帝到甘泉宮去求仙問道。他暗中命令手下的人拉著那頭牛走過去，然後指著牛的肚子對漢武帝說：「這頭牛的肚子裡肯定有天書的存在。」漢武帝立刻命人把那頭牛當場宰了，果然從牛肚子裡找到了一塊布來，上面還寫些奇奇怪怪的字。雖然這帛書上所寫的字很奇怪，意思也很難理解，但漢武帝仔細一觀察，還是發現了這字和少翁的存在著相似之處。

　　漢武帝裝出什麼都不知道的樣子，盯著少翁看。少翁果然做賊心虛，不敢正視武帝的眼睛，只是放眼看別處。漢武帝心中這就知道個大概了，十分生氣，命令手下的士兵將少翁抓了起來。很快少翁就全招了。漢武帝龍顏大怒，覺得自己被人耍了，立刻將少翁殺了。

　　少翁被殺後不久，漢武帝有一次到鼎湖宮去祭祀黃帝，忽然覺得身上很不舒服，在那裡病倒了。隨從的人見皇上身體欠安，都憂心忡忡不知該如何是好。將出名的醫生和巫師都請了一遍，就是不見病情有好轉。這時候，有一個侍從對漢武帝說：「陛下，我聽說有人在關東看見了已經死了的少翁。」漢武帝聽後心裡也起了疑，立刻派人去把少翁的棺材刨了出來，結果發現裡面沒有人，只有一個竹筒。漢武帝這才相信少翁是成仙去了，心中很後悔殺了他，自己生的病估計就是懲罰吧。從這以後，漢武帝又開始相信起別的方士來了。

欒大顯貴

　　漢武帝遍訪方士，樂成侯丁義為了邀寵，便向漢武帝推薦了一個叫欒大的方士。丁義對漢武帝說：「欒大和少翁都是一個師門裡出來的，而且欒大的法力還遠在少翁之上。」漢武帝一聽大喜，立刻下令召見欒大。欒大人長得很英俊，看起來器宇軒昂的，漢武帝一見就很喜歡，立刻將他奉為上賓。

　　這個欒大原本是膠東王劉寄養的方士，丁義是劉寄王后的弟弟，所以丁義才得到了欒大，並將他推薦給了漢武帝。欒大口才很好，總是高談闊論的，又很聰明，因此贏得了不少人的信任。不過欒大最大的特點還是膽子大，他吹起牛來經常是信口開河，想哪說哪。漢武帝曾經問過他關於神仙的問題，欒大隨口就說道：「我之前總是在大海裡遊玩，經常看見安期生、羨門這幾個上古時期的神仙。」

　　漢武帝對欒大的話深信不疑，急忙問道：「先生您究竟有多大的法力啊？」欒大見漢武帝並沒有懷疑，繼續吹牛道：「我之前的神仙老師對我說，只要修煉到家，可以煉成黃金，就算是黃河決了口也可以輕而易舉地給堵上，長生不老藥更是容易得到，再往後就算成仙了。」

漢武帝越聽越吃驚，對欒大說：「我想請先生為我去尋找長生不老的方法，只要您能找到，花多少錢多沒有關係。」欒大為了得到更大的利益，刻意做出一副不以為然的樣子說道：「我的神仙師父從來都不會請求凡人的，都是凡人去求他。陛下如果真的想把他請來，那就應該像對待自己的家人一樣對待仙人的使者。」

漢武帝對此是半信半疑，既想答應下來，又怕自己再一次上當，想了一會兒才回答說：「先生您先給朕表演一個法術讓朕開開眼好不好？」這點欒大早就想到了，他立刻答應了下來。欒大事先將雞血、鐵屑和磁石摻在了一起，搗碎後塗抹在棋子上面。到了表演的時候，他將棋子放在棋盤上，嘴裡面念念有詞。棋子因為受磁力的作用，互相碰撞不止。漢武帝看了大吃一驚，以為欒大真的有什麼特異功能，不住叫好。

如此一來，漢武帝對欒大的法力比少翁還要厲害這件事深信不疑，他先是將欒大封為了五利將軍，後來覺得不夠氣派，又加封為地士將軍、天士將軍、大通將軍。欒大可謂是一步登天了，可他還不滿足。

到了夏季的時候，漢武帝再次加封欒大做了樂通侯，管轄兩千戶人口。漢武帝還親自下令為他在京城改了一座豪華的府宅，並賜給了他一千多的奴僕。為了彰顯欒大身份的高貴，漢武帝還把自己使用的車馬、帷帳和其它的用具都送給欒大使用，欒大得以享受到了天子的威儀。漢武帝想到欒大說的要把神仙的使者當家人看待這句話，索性把自己寵愛的衛長公主也嫁給了欒大。漢武帝還經常到欒大的家裡做客。

欒大娶了衛長公主做了駙馬爺的消息傳出後，整個長安城都轟動了。很多王公大臣都紛紛向漢武帝學習，從館陶太主到下面的兩千石的官員，都一個個爭先恐後地邀請欒大到自己家裡做客。

　　漢武帝為了能夠早日實現自己長生不老的夢想，還命人製作了一塊精美的玉印，上面刻了「天道將軍」四個大字，做成後，漢武帝又派了一個朝中的大臣親自送到了欒大的府上。為了表示對神靈的尊敬，送玉印的時間特別選在了夜半的時候，地點是在祭祀用的白色草坪上，使者和欒大都穿了件用羽毛做成的大氅。

　　又過了半年，欒大每天只顧著享受當下的快樂生活，早就把自己對武帝的承諾拋到九霄雲外去了。漢武帝心裡十分焦急，幾次派人前去催促。欒大知道不能再藉口推脫不去，就在心裡盤算著出去亂轉一圈再想辦法敷衍漢武帝。

　　心虛的欒大收拾過行李，先是向漢武帝告別，又去辭別了公主，自稱要到東海上去尋找自己的授業恩師，以找到長生不老的秘方。漢武帝估計是上當次數多了，暗中派人打扮成普通百姓的樣子，一路跟隨欒大前往。

　　欒大坐著華麗的馬車，帶著一大堆的僕人，一路上遊山玩水，一直走到了泰山腳下。到了泰山，欒大又進行了一番禱告，但是一行人並沒有見到傳說中的神仙。等到快到東海邊的時候，欒大對自己的隨從們說：「我一個人去見神仙，你們這些地位低下的人，神仙是不會見的，你們就在原地等著我回來吧。」大家都同意了，於是欒大一個人去了海邊。漢武帝派來的使者卻一直跟著欒大。欒大在海邊晃悠了

半天後回到了原地，對他們說：「我剛才已經見過了神仙了，現在你們跟著我一起回去吧。」於是一行人又踏上了西去的道路。

漢武帝的使者把這一切都看明白了，回去後全部給漢武帝述說了一遍。漢武帝聽後氣得直跳腳，沒想到自己竟然被一個騙子騙得這麼慘，女兒都搭了進去。

欒大也知道自己是騙子這件事終會被發現，但為了博取富貴，只好鋌而走險，不過他覺得他已經給自己留好了後路。他之前先是要求漢武帝答應不再發生誅殺少翁那樣的事情，然後又獲得了和漢武帝同樣平等的地位，表明自己的身份。為了保命，他還成了漢武帝最喜愛的女兒的丈夫。他想著，就算最後自己被識破了，皇上為了自己女兒的原因，也不會殺了自己的。想到這裡，欒大心裡雖然知道自己可能會遇到麻煩，但還是大搖大擺地回長安覆命去了。

欒大見了漢武帝後，信口胡謅了一些自己和神仙的談話，還說自己已經到海中和自己的仙師見了一面。漢武帝聽著欒大的謊話，實在是覺得無法再忍耐下去。他將自己派去的使者叫了出來，當著欒大的面進行對質。欒大當場就被問傻了，直冒冷汗。漢武帝更怒了，直接命令士兵將欒大拉出去給腰斬了。可憐的衛長公主還是新婚，就被自己的父親逼著做了寡婦。

殺了欒大後，漢武帝還不解氣，他又想到了給自己推薦了欒大的丁義，於是給丁義也安上了一個欺君的罪名，將他殺了。

武帝求仙

漢武帝始終認為東海中的確有三座神山，名叫蓬萊、方丈和瀛洲。他相信齊燕兩地來的人所說，仙山到處都是白色的，仙人居住的宮殿都是用黃金和白銀築成的，而且長生不死之藥也藏在那裡。為此，雖然漢武帝屢屢失敗，但仍不動搖對求仙的信念，他只是認為方士的法術太低，所以才屢次求仙不成。

而為了迎合漢武帝對神仙的心思，各地官員也競相報告一些神靈下凡的事件，例如在六月欒大被腰斬之後不久，河東太守報告說在轄境內的汾陰挖掘出一隻巨大的寶鼎，鼎體上沒有明確的題款，無法確定其是哪個朝代，但刻有稀奇古怪的文字和精美的花紋。漢武帝竟然以為是神仙顯靈，於是立即派人將鼎迎入甘泉宮供奉起來。

當這一消息傳至全國，齊人公孫卿立即上書說：「聖上得到寶鼎和黃帝得到寶鼎都是在冬至那一天。這絕不可能是偶然，而是上天造化。既然黃帝成了仙，那麼皇上也應該趁此機會，趕快去封禪，進而通神，然後就能成仙登天了。」看到上書後，心急的漢武帝馬上召公孫卿進京，並拜公孫卿為郎中，讓他準備封禪求仙的事。

雖然漢武帝不信任少翁和欒大，但對公孫卿卻是言聽計從，究其

原因大致有兩點，一方面，在漢武帝看來，之前請不到神仙並不是沒有神仙，而是因為少翁和欒大兩人法術不高，所以，如果能找到像公孫卿這樣的有道之士，一定能有所成效，於是便讓公孫卿再去試一試；另一方面，公孫卿官職低微，對其它文武百官的勢力並沒有多大影響，加上此人世故圓滑，他也看到了少翁、欒大的下場，於是他獨自提出黃帝封禪一事，這是符合漢武帝的意旨，也深得漢武帝的寵信。例如，當公孫卿在嵩山太一廟等候天神，他派人報告漢武帝說：「緱氏城（今河南省偃師南緱氏鎮）的城牆上，出現了神仙留下的足跡。」漢武帝親自到緱氏城上視察該處的神跡，但沒見到神仙的影子，而漢武帝卻並沒有過多地責怪公孫卿。

漢武帝北巡朔方，向匈奴示威，在班師回朝的途中，於橋山（今陝西省黃陵縣）祭祀黃帝的陵墓。祭祀完畢後，漢武帝向隨行的公孫卿問話：「朕聽說黃帝並沒有死，為什麼卻有他的陵墓呢？」公孫卿圓滑地說：「黃帝已經登天成仙，只是因為他手下的群臣想慕不已，因而就把黃帝的衣服帽子埋在這裡，這只是黃帝的衣冠冢。」漢武帝看似有所悟地點點頭，並自作多情地說：「將來朕昇天而去之後，群臣們恐怕要把朕的衣冠埋葬在東陵了。」

西元前一一〇年正月，漢武帝再一次出遊緱氏城。在休息幾天後，漢武帝獨自到中嶽嵩山太室祭祀，隨從人員只是在山下等候。在祭祀完畢後，正要下山的漢武帝卻隱約聽到山裡發出聲音，好似連著呼喊三聲「萬歲」。於是，求仙心切的漢武帝便認定山裡有神仙，下令祭祀官員擴建嵩山上的太室，並禁止百姓砍伐附近的草木。漢武帝又詔令山下的三百戶人家，劃歸太室，作為采邑。

在漢武帝派公孫卿持節前往名山上等候神仙期間，公孫卿一行人剛到東萊（今山東省掖縣），就派人報告漢武帝說在夜間模模糊糊地看見有個巨人，身高有數丈，可是待他們前往接迎他的時候，巨人卻忽然消失了，只是留下了龐大的足跡。於是漢武帝迅速趕到東萊，在公孫卿的指引下，漢武帝果然看到留在地上的巨大足跡。然而經過仔細觀察，漢武帝覺得這不是人的腳印，倒像是個走獸的蹄印，心中不免有所猜疑。正想追問，隨從的官員們卻都說，他們在路上碰到一個白須老翁牽著一條狗，說要去見巨人，說了這話之後就不見了。聽到官員們傳說老翁的事，漢武帝腦子裡更加糊塗起來，而他的猜疑便一點點地減少，認為這可能真的是神仙來了。而更讓人想不到的是，漢武帝竟然下令在海邊留宿，希望能等到仙人的降臨。可想而知，他還是什麼也沒看到，這令漢武帝沮喪不已。

　　到了夏季，漢武帝照例登泰山舉行封禪大典，並來到了海邊。他在海邊眺望徘徊，看著茫茫大海，他求仙的欲望越來越強烈。經過幾日思考，漢武帝下定決心，準備獨自乘船出海去尋找仙人。雖然大臣們竭力勸阻，但此刻的漢武帝已經完全聽不進去，雖然最後妥協，但漢武帝悵然地望著海面，雲水相接處茫茫一片，而他心中對神仙的嚮往仍舊沒有破滅。

　　轉眼春天到了，公孫卿又派人報告漢武帝說：「在東萊山上又遇見神仙，好像他想和天子見面。」漢武帝聽後馬上起駕到緱氏城等待與神仙的見面。然而雖然留宿數天，卻仍然沒有見到什麼仙人，只是又看到了巨人的腳印。

此刻的漢武帝仍舊對求仙極其癡迷，他又派出方士到深山大海，希望能找到神仙。他自己也到海邊，看著大海茫茫，雲水迷霧，卻不見神仙的半點蹤跡。而這一切也讓公孫卿擔心起來，他怕漢武帝屢次東駕卻都徒勞無功，將來會降罪於自己，而他又無法阻止漢武帝，便只能讓漢武帝做點事分分心。於是，公孫卿託大將軍衛青給漢武帝進言說：「仙人喜歡在樓上居住，我們不如多建些更高的樓，慢慢等待神仙的降臨。」漢武帝聽從衛青的建議，在長安城中興築蜚廉觀和桂觀。與此同時破土動工的還有在甘泉宮加築的益壽觀和延壽觀。不久，又建了一座通天台，臺高三十丈，站在通天台上，能遙望到二百里開外的長安城。此時的漢武帝忙於大建求仙的建築，已經無心去追究公孫卿的詭計了。然而，儘管興建了這麼多神仙喜歡居住的高樓和宮殿觀臺，神仙仍舊不肯出現。這時候，漢武帝又開始東伐西討，南征北戰，暫時放下了求神仙這事。

西元前八十九年，六十九歲的漢武帝已經看到自己日暮途窮，求仙的心情更加迫切起來。於是又有了以前那個大膽的想法——親自去海上航行尋找神仙。他到海邊一看，巨大的浪頭一個接一個的向岸上衝來，聲音震耳欲聾。見此情形，漢武帝不由得後退了幾步。在等了十幾天後，風浪仍舊沒有減弱，根本無法下船。漢武帝長歎一聲，認為這是天意弄人，於是遺憾地回長安去了。這也是他最後一次大規模的求仙活動。

漢武帝日思夜想地求了五十年的神仙，派遣數以萬計的方士不間斷地入海求仙，入山覓藥。他每次都滿懷希望地盼望能遇見真正的仙人，可每次等到的都是騙子。幾十年的折騰，眾多的人力、物力、財

力所祈求的神仙始終沒有出現，而此時，漢武帝也終於幡然悔悟，在西元前八十九年三月，漢武帝終於停止了求仙的活動。

世家

吳太伯世家

延陵季札

　　周太王（古公亶父）有三個兒子：吳太伯、仲雍和季歷。在他們兄弟三人中，季歷的年紀最小，卻最為賢能，他的兒子姬昌也是個聰明有聖德的人。因而周太王想要立季歷，這樣以後就可以傳位給姬昌。太伯和仲雍兄弟倆知道了父親的意思，就逃到南方荊蠻之地（今浙江省無錫市東南三十里的梅村），入鄉隨俗，斷髮紋身，表明自己不可能再回到華夏繼承王位，以此來迴避季歷。後來季歷被立為王，傳位給姬昌，到了姬昌的兒子周武王姬發這一代，終於剿滅了殷商，立國大周。

　　太伯自稱「句吳」，在當地得到了土著居民的擁戴，荊蠻人認為他有賢德義行，尊立他為吳太伯。太伯沒有兒子，在他死後，他的弟弟仲雍繼了位，這就是吳仲雍。又傳位三代，仲雍的曾孫周章繼位。此時正值武王滅了殷紂，正在尋找太伯和仲雍的後代，已經是吳君的周章就這樣被找到了，仍被封於吳；周章的弟弟虞被封在周北邊的夏都故址，位列諸侯，這就是虞仲。又傳了十代，周章的後代句卑繼位吳君，句卑死後又傳了二代，壽夢繼位。

　　壽夢繼位後，吳國日益強大起來，開始自稱為王。從太伯創建吳國算起，到壽夢這一代共傳了十九代人。西元前五六一年的一天，吳

王壽夢把他的四個兒子諸樊、餘祭、餘眜和季札召至榻前說：「我老了，在位的時間也不會太久了。你們四個都有經邦濟世的才能，吳國傳給你們任何一人都能治理得很好。但相比之下，季札博學多才，品格高尚，由他即位，吳國會更快富強起來。」諸樊、餘祭、餘眜不約而同地說道：「我們謹遵父王旨意，一定竭盡全力輔佐四弟，以保吳國的繁榮昌盛。」季札上前一步，跪地叩首：「父王，季札不敢受命！嫡長承嗣，這是《周禮》規制，季札不敢仗父王厚愛而冒犯禮法。如果我承父王之命繼承王位，那我就是吳國違犯禮制的第一罪人！長兄即位，順應禮制，我一定盡心竭力輔助王兄，使吳國昌盛。」

沒過多久，壽夢就去世了。諸樊讓季札繼位，季札堅決推辭不受，兩人互相推讓不止；而餘祭和餘眜也堅持要季札即位。季札心想，看來我只能仿效先祖太伯、仲庸了……於是，他拋棄了家室和財產，躲到延陵（即常州）偏僻的農村耕田去了。無奈，諸樊只得繼承了王位。西元前五四七年，諸樊在伐楚的戰爭中戰死沙場，死前他留下遺命，要把君位傳給弟弟餘祭。這樣按照以兄傳弟的次序，國位最後一定會傳至季札，先王壽夢的遺願也可以實現了。餘祭即位後，召回了隱居在舜過山（今常州市武進區焦溪鎮境內）隱居的季札，將他封在延陵，號為「延陵季子」。

季札是個品德高尚的人，同時他還是當時首屈一指的政治家和外交家。他曾經多次出使齊、衛、晉、魯、鄭等位於北方的一些諸侯大國，和他們溝通和交流，結識了許多當世權傾朝野的政治家，比如晉齊國的晏嬰、鄭國的子產、衛國的史魚、晉國的趙武等，都是一些執

政的大夫和公卿。這些諸侯國最初並沒有注意過蝸居在東南方的吳國，認為這個小國家只是「荊蠻之地」，不會出現什麼有出息的人。而當他們和季札交往認識以後，都不由得從心底裡生出了敬佩之情。季札強有力的外交手段不僅提升了自己的知名度，更是在無形之中擴大了吳國在其它國家的影響。

西元前五四四年，季札在對魯國進行訪問的時候與魯大夫叔孫穆子一見如故。他一針見血地指出了叔權的缺點，勸告他身居高位的人，在人才的選拔上一定要謹慎行事。季札一向仰慕中原地區的禮樂文化，而魯國正是當時的文化中心，更是對周代貴族禮儀的保存和繼承最多、最完備的地方。季札就提出了想「請觀周樂」的要求，請求觀摩魯國保存的西周王室的舞蹈和禮樂。魯國答應了他的請求，命歌工為他表演了主要用於宴請和宗廟祭祀的《詩》樂；然後又命樂工為他演奏了主要用於宗教儀式和宗廟祭祀的舞蹈。季札從細微之處觀察，從音色來討論義理。他從一個國家的禮儀可以推斷出這個國家的政治是否清明，國運是否會長盛；他從一個國家的音樂中可以知道這個國家的民風是否淳樸，人民是不是具有道德，因此對這個國家的情況分析得一清二楚。魯國的人民都非常敬仰和佩服他。

季札是個重信重義的人。有一年，他出使晉國的時候從徐國路過，徐國的國君久仰他的大名，熱情地接待了他。吳國鑄劍的技術在當時久負盛名，徐君看到季札腰間的佩劍十分羨慕，但是又不好奪人所愛，所以忍著沒有向他索要。季札當然明白這一切，他自己也很想將佩劍贈與徐君，但是按照禮節他又必須佩戴此劍出使晉國，所以他不便相贈。令他萬萬沒想到的是，當他從晉國返回再次踏上徐國的國

土之時，徐君已經在抗擊楚國的戰爭中陣亡了。滿懷悲傷的季札前去他的墓前祭奠，毫不猶豫地將自己的佩劍摘下掛在墓前的一棵樹上。隨從不明白他為什麼這麼做，問道：「徐君已經去世了，你這麼做他又不知道，還有什麼意義呢？」季札說道：「當初我是知道他喜歡這把劍的，我在心裡已經決定在返回的時候將劍送給他了。現在雖然他去世了，但我不能因為這個就違背我當初的心意。」季札重信重義的行為讓徐國的人民大為感動，「延陵季子兮不忘故，脫千金之劍兮舉丘墓」的故事流傳千年至今，徐君墓旁還有名為「掛劍臺」的古跡。

余祭去世以後，他的弟弟余昧繼成了王位。余昧在臨死之前，派人把季札叫到他身邊，讓他接替自己的王位。從西元前五六一年諸樊即位，到西元前五二六年余昧去世，歷經三代吳王，三十五年的光陰流轉，季札已經五十多歲。他推脫再三，最後離開了吳國。最後王位只得由余昧的兒子僚來繼承。

季札晚年時居住在延陵，他死後人們將他安葬在那裡。據說，孔子曾經在季札的墓前寫下了「有吳延陵季子之墓」的八字碑。而今，季子墓高大的封土依然聳立在古老的申浦河西畔。

公子光弒王僚

　　西元前五二六年，吳王壽夢的三兒子餘眛去世。這一年，四兒子季札也五十歲了。壽夢大兒子諸樊的長子光（又名：闔閭）、三兒子餘眛的長子州於（又名：僚）也都已過而立之年了。公子光為人深有城府，州於則是鋒芒畢露，他倆都覬覦這個吳王的寶座，而這些當然都逃不過季札的慧眼。

　　餘眛去世前要季札接替他的王位，然而在季札看來，不就王位以維護禮制是他一生的守則，決意不改變初衷。於是，他再一次隱居到延陵采邑，與當地的人們一起過著「日出而作，日落而息」的農耕生活。季札既然避世不出，吳國人只得按照「嫡長子」的原則擁立餘眛的長子州於為國君。

　　公子光心裡就不服氣了，在他看來，如果立了季札為吳王，季札必會將王位傳於自己；而季札現在不願意當吳王，自己才算是真正的嫡長子，王位應該傳給自己才是。心有不甘的公子光開始在暗中招賢納士，打著伺機奪回王位的算盤。

　　剛剛繼位的州於當然也知道公子光並不甘心讓自己佔據王位，他將季札從延陵召回來，將管理內政和外交方面的大權交給了他，希望

這樣可以調節自己和公子光之間的矛盾。公子光看到這種情況，即使心裡有怨言也說不出來，只能靜靜等待時機。

西元前五二二年，楚國的國君楚平王懷疑太子勾結外面的諸侯蓄意叛變，並遷怒於太子的老師伍奢，將伍奢一家大小全部殺害，只有最小的兒子伍子胥逃往吳國。伍子胥喜歡學文習武，為人也智勇多謀，他一心想讓吳國出兵幫自己報仇。伍子胥知道公子光的想法，心想：「公子光有篡奪王位的企圖，所以現在還不是勸說他出兵的時機，應該先幫助他奪取王位。」於是，他便將自己在逃亡的路上結識的一位勇士專諸介紹給了公子光。

西元五一五年，楚平王去世。吳王州於想要趁著楚國辦喪事的機會進攻楚國，因為二十二年前楚國曾經聯合晉國一起攻打吳國的朱方城，並殺死吳國大將慶封，州於一心想要報這個仇。州於派季札到晉國觀察楚國的動靜，又讓兩個弟弟蓋余、燭湧率兵包圍楚國的灊城。不料，楚軍斷了吳軍的退路，州於只得再次派出自己的兒子慶忌率兵前去救援。

此時，吳王州於身邊的重臣所剩無幾。公子光對專諸說：「這是個重奪王位的好機會，我不能放棄。何況我本來就是真正的繼承人，就算季札回來，也不會廢掉我吧？」專諸說：「州於的兩個弟弟被楚軍圍困，兒子被派去救援，他身邊也沒有了正直敢言的人，他能拿我們怎麼辦呢？現在去殺掉他是可以辦到的。」公子光以頭叩地，說：「現在我公子光的身體也是您的身體了，您去以後的事情都由我來負責。」

這年四月，公子光在暗室埋伏下身披鎧甲的武士，置辦了酒宴請州於過來喝酒。州於也不傻，他帶著的侍衛一直從王宮排列到公子光的家門口，舉著長矛夾道站立著。喝酒喝到暢快之時，公子光找了個藉口去暗室，讓專諸把魚腸劍放在魚肚子裡，然後將魚進獻給州於。州於毫無防備，專諸掰開魚肚子拿出魚腸劍將州於殺死，專諸也被州於的侍衛殺害。州於手下的人慌亂成一片，公子光放出暗室中的武士，將他們全部消滅。

　　公子光自立為國君，他就是歷史上赫赫有名的吳王闔閭。闔閭封專諸的兒子為上卿，並將魚腸劍封起來，永不再用。

　　闔閭繼位後不久，季札從晉國回來。闔閭故作姿態，說自己弒州於奪王位是為了恢復先王壽夢的「規則」，要將王位讓給季札。季札歎了口氣，說道：「只要吳國的宗廟不缺乏祭祀用的香煙，土地神和谷神還能供奉，只要吳國的子民還有君主，無論誰承嗣，誰就是我的國君。我還會去怨恨誰呢？我只會哀悼我死去的侄兒州於，並侍奉繼位的闔閭，聽天由命吧！這禍亂不是因我而起，誰是君主，我就聽命於誰。」季札到州於的墓前祭拜，痛哭著說：「你交給我的使命我已經完成了，現在回來向你覆命。從今以後我要輔佐公子光治國了，他是吳國新的君主，為了吳國的子民，為了江山社稷，我只能這麼做。」季札在州於的墓前，將自己完成外交任務的經過一一訴說，痛哭一番後，重新回到了延陵。

　　闔閭即位後，開始實施富國強兵之術。他修築城池，設立軍備，實行倉廩，管理兵府。相傳，現在的蘇州就是闔閭在伍子胥的幫助下

修建的，那時候叫做姑蘇城，效仿中原城池的建設，又帶有南方水鄉的特點。周長四十七里，開八個陸門、八個水門，設計精巧，攻守兼備。姑蘇城的建成大大提高了吳國的軍事實力。在伍子胥的引薦下，當時著名的軍事家孫武從齊國投奔吳國，將自己著名的兵法獻給闔閭。

西元五〇六年，吳王闔閭在伍子胥和孫武的輔佐下進攻楚國，吳軍將士一鼓作氣，五戰連勝，長驅直入攻進楚國的都城郢。楚昭王逃跑，伍子胥找不到楚王，就將楚平王的墓掘開，鞭屍三百，報了自己的殺父之仇。

戰爭中間，闔閭的弟弟夫概趁闔閭不在國內，便自立為王。闔閭聽說這個消息，馬上領兵回國擊敗了夫概。然後他重新整備軍隊，一年後再次攻打楚國，佔領了楚地。吳王闔閭從西元前五四一年開始執政，他以伍子胥為相，以孫武為將軍，吳國的勢力日益強盛，最終他成了春秋時期的五霸之一。

夫差亡國

　　吳王闔閭執政的時候，吳國的勢力日益強盛起來，闔閭便起了爭霸中原的野心。而吳國若想爭霸中原，就必須先拿下越國，以解除自己的後方之憂；而越國如果想北進中原，也必須先拿下吳國。西元前五〇五年，越王允長率兵攻打吳國，闔閭親自出征，大敗越軍。後來楚國舉兵來犯，闔閭忙著應付楚國，也沒來得及顧上越國這邊。

　　西元前四九六年，闔閭聽說越王允常去世，他的兒子句踐繼位，於是借這個機會討伐越國。兩國的軍隊在檇李（今浙江省嘉興南檇李城）交戰。越王句踐大敗吳國，並射傷吳王闔閭。闔閭在臨死之前囑咐自己的兒子夫差為自己報仇，夫差牢記著父親的話，繼位後重用伍子胥，日夜操練兵馬，自己也刻苦地練習戰射，準備攻打越國。西元前四九三年，句踐聽說吳國為了報闔閭的仇大肆操練兵馬，就打算先發制人，在吳國尚未出兵之前前去攻打吳國。范蠡進諫想要阻止句踐，句踐不聽，固執地率兵向吳國進發。夫差動用了全國最精銳的軍隊來迎擊，在夫椒將越軍打得落花流水。句踐狼狽地退回會稽，身邊只剩下五千殘兵。夫差乘勝追擊，將會稽團團包圍。走投無路的越王句踐拔劍準備自殺，被謀臣文種勸住說：「吳國有個大臣伯嚭，是個好色貪財之人，可以派人去賄賂他。」句踐聽了文種的建議，讓他帶

著眾多美女，包括西施以及許多名貴的珍寶前去賄賂伯嚭，伯嚭答應帶著西施和文種去見夫差。

文種見到夫差，將美女西施獻給了他，說道：「越王願意向吳國投降，臣服於您，做您的臣子來侍奉您，請您饒了他吧。」伍子胥堅決反對接受句踐的投降，說：「越王句踐是個深謀遠慮之人，他的謀臣文種和范蠡又都精明能幹。這次饒過他們，他們以後肯定會想盡辦法復仇的。」他勸夫差一舉消滅越國以絕後患。伯嚭因為收了越國的賄賂，又嫉妒伍子胥的功勞，他在一邊幫著文種說話，慫恿吳王答應越國的請求。夫差看上了西施的美色，而且他認為越國已經不足以構成對他的威脅了，便置伍子胥的勸告於不顧，接受了越國的投降，將圍困著會稽的軍隊全部撤回。但是越國必須臣服於吳國，並且句踐要到吳國做三年的奴隸。

句踐前去吳國為奴之前，將管理國家的重任交到范蠡手中。范蠡卻說：「在用兵打仗這一方面，文種確實比不上我；但是在治理國家、安撫人民這一方面，我卻比不上文種。」於是，越國的國家大務暫時就由文種來負責，句踐則帶著范蠡去往吳國當馬夫。句踐每天早上很早就要起來餵馬擦車，為夫差外出打獵做準備；晚上睡在簡陋的石屋裡面，等待過去這三年自己就可以重返越國了。在這期間，伍子胥一直在勸夫差殺掉句踐，所以句踐一直提心弔膽的，必須裝作完全臣服的樣子，不能露出一點矯揉造作的樣子。范蠡為了得到夫差的信任，也是煞費苦心，在夫差生病的時候甚至主動品嘗夫差的尿液來判斷他的病情。夫差為此很感動，認為句踐和范蠡確實臣服於他了，便在三年期滿後放他們回了越國。

句踐回國後，馬上著手報仇的準備，最重要的事情當然是要富國強兵。他害怕身為一國之君的安逸生活會消磨自己的志氣，慢慢地就會讓自己沉迷在舒適的生活中忘記復仇。所以，他每天都睡在乾草堆上，枕著兵器入睡。房間裡還掛了一隻苦膽，他每天早上起床後都要舔一舔苦膽，讓門外的士兵大聲問他：「你忘了三年的恥辱了嗎？」他自己則大聲回答道：「沒有！」他將國家的政事管理大權交給文種，將國家的軍事大權交給范蠡，自己每天到田地裡和人民一起種田，還讓自己的妻子也跟著農婦們一起紡線織布。句踐忍辱負重、臥薪嘗膽的行為感動了越國的人民，越國的民心前所未有的團結。經過十年的勵精圖治，越國兵精糧足，漸漸強大起來。

而吳王夫差在戰勝了越國之後，認為自己沒有了後顧之憂，每天都沉迷在西施的美色中，過著驕奢淫逸的生活。夫差為人狂妄自大，聽不進別人的勸說，也毫不顧忌人民的困苦，經常與其它國家征戰不休。連年戰亂，使得人民無法安居樂業。吳王還想要討伐齊國，伍子胥說：「句踐現在正和百姓們同甘共苦，他若不死，越國就算不會舉兵侵犯我們，也終有一天會成為我們的心腹大患。而齊國對我們來說，就像一塊疥癬。希望您放棄攻打齊國，先滅了越國吧。」夫差卻一意孤行，堅持要北上攻打齊國，並在齊陵打敗了齊軍。

打了勝仗的夫差自然得意得不得了，伍子胥擔憂地說道：「您高興得太早了啊。」夫差為此很生氣，伯嚭趁機誹謗伍子胥，說：「這個伍子胥，表面看似忠厚老實，其實最殘忍的就是他了。他連自己的父親和兄弟都不在乎，一個人跑到吳國來，他又怎麼會在意君王您呢？您要攻打齊國，他阻止您；您打了勝仗，他還諷刺您。您一定要防備好這個人呀。」

夫差剛開始並不聽信伯嚭的讒言，後來他聽說在出使齊國的時候，伍子胥把兒子委託給了鮑氏。夫差大為震怒，賜給伍子胥一把「屬鏤」劍命他自裁。伍子胥拿著劍悲極反笑：「我輔佐你的父親稱王，後來又擁立你為王。當初你想與我平分吳國我都沒有接受，現在你居然聽信了讒言要殺我……，也罷，等我死了，你記得取出我的眼睛將它懸掛在吳國都城的門上，我要親眼看著越國的軍隊攻破吳國的城門！」

西元前四八二年，夫差傳信給中原的各個諸侯，讓他們到黃池（今河南封丘縣西南）會盟。夫差率領大軍北上，與各個諸侯爭奪盟主之位。黃池會盟的確讓吳國達到了北上稱霸的目的，但是它也是吳國霸業終結的標誌。

夫差在黃池會盟上爭奪霸權的時候，越王句踐趁著吳國國內兵力衰弱，率軍攻打吳國都城，一舉殲滅了城內的吳兵，並俘虜了太子。夫差聞訊，急忙北下救急。但是長途跋涉的吳軍兵馬疲憊，戰鬥力不堪一擊，根本無法和兵強馬壯的越軍對抗。夫差只得派伯嚭帶著豐厚的禮物去向越國講和。句踐認為當前的形勢滅掉吳國還是有點困難的，於是就答應了吳國的求和。

西元前四七三年，句踐再次攻打吳國。這時的吳國民心散亂，兵馬不齊，根本不是越國的對手。夫差又派人前去求和，范蠡堅決主張句踐滅掉吳國。見求和不成，夫差很後悔當初沒有聽伍子胥的勸告，他說：「我老了，去侍奉越王是不可能的事情了。我真是後悔沒有聽伍子胥的話啊，才讓自己落到這步田地。」最後舉劍自殺。

句踐消滅了吳國後，殺掉了奸臣伯嚭，並厚葬了伍子胥。

齊太公世家

姜太公封齊

　　姜太公，姓姜，名尚，字子牙。他曾被周武王尊稱為太公望，後人多稱他姜太公。堯舜時期，炎帝的後裔伯夷掌管著四嶽，在大禹治水的時候幫助大禹立了功，被封在呂。姜子牙就是伯夷的後代。

　　姜子牙出生的時候，家道已經中落。為了謀生，他做過屠夫，宰牛賣肉為計；他開過酒店，賣酒維持生計。雖然生活困窘，他始終堅持著每天都研讀書籍，學習天文地理和軍事謀略，學習治國安邦的道理，希望有一天可以為國家貢獻自己的才華和力量。他幾十年如一日、孜孜不倦地刻苦研讀，可謂上知天文下知地理。然而，縱然他滿腹經綸、才華橫溢，在商朝卻始終遇不上他的「伯樂」。

　　姜子牙決定離開商朝，他不辭勞苦，長途跋涉到了周朝的領地渭水之濱。他終日在渭水邊垂釣，同時也在觀察著世事的變化，尋找著自己一展宏圖的機會。此時，他已經年過六十，白髮蒼蒼，可他依然在耐心地等待著，他相信會有明君來發現他，自己的才華和抱負都會有實現的機會。後來，周文王發現了姜子牙的治世之能，而且他是一個胸懷大志、極富才華之人，便將他立為國師。姜子牙幫助周文王討伐商朝，成就了周朝大業。

為了鞏固新建立起來的周朝政權，周武王和姜子牙、周公旦等人商議之後決定採取封邦建國的治國方針統治全國。即，把全國分成若干個諸侯國，然後由周武王將這些諸侯國分別封給在滅商建周的大業中有突出貢獻的姬姓親族和有功之臣，這些諸侯國就成為周朝統治中心的屏障，即所謂「封建親戚，以藩屏周」。姜子牙因戰功卓越，被封在齊地營丘，建立齊國，穩定周朝在東方的政權。

　　領封之後，姜子牙帶領著他的人馬向營丘進軍。路途遙遠，眾將士們趕路趕得十分疲憊，行軍速度也很慢。這天傍晚，距離營丘已經不遠了，姜子牙便讓大家準備宿營。這時，他聽到有人說：「這些人啊，在這種荒郊野外睡覺都能這麼香甜安穩，哪有一點赴國建都的樣子……」，姜子牙聽到這句話頓時睡意全消，他叫醒大家，命人重新整頓兵馬，連夜趕往營丘。

　　天快亮的時候，姜子牙他們到了淄河西岸。他發現商紂王在萊國的軍隊正涉水而來。萊國距離營丘很近，想必他們是想趁著姜子牙尚未站穩腳跟，趁機佔領營丘。姜子牙急忙組織人馬，準備迎戰。兩軍在淄河西岸展開了戰爭，姜子牙鎮定自若地指揮著大軍，周朝的軍隊一夜未眠卻依然英勇，在他們的強大攻勢下，萊國軍隊丟盔棄甲，落荒而逃。齊國順利建立起來。

　　建立齊國以後，姜子牙採取了一系列治國安邦的措施。他以法治國，安定民心。當時的司寇營湯，是個陽奉陰違的小人，貪污受賄不說，還到處殘害人民，妖言惑眾，揚言要用所謂的「仁義」來治理齊國。姜子牙便命人將其斬首，以正視聽。在東海上，有一群被當地人

稱為「賢人」的狂矞和華士兄弟，他們自力更生，自耕自食，不向周武王稱臣，也不理會姜子牙的號令。姜子牙認為他們自私自利，不利於齊國的民心穩定，下令將他們誅殺。一時間，齊國再也沒有人敢做出一些違法亂紀的事情，混亂的局面很快得到了肅清，齊國國內很快安定了下來。姜子牙只用了五個月的時間就將齊國治理得井井有條，並向周武王彙報了他治國安邦的政績。

　　在政治上，姜子牙推行尊賢尚功的政策。他選拔有才能的人做官，只要能夠通過考核，符合齊國用人的標準，他不論親疏，不管出身，均將他們安排在能夠發揮自己長處的職位上，最大限度地調動他們的積極性和創造性。他還吸收了很多當地的東夷土著加入齊國的統治階層中。姜子牙舉賢任能，唯才是舉，這種不拘一格降人才的用人方式，打破了西周一直以來「任人唯親」的用人辦法。除此之外，姜太公還提出了在用人方面「六守」、「八征」、「六不用」的理論。「六守」，指的是仁、義、忠、信、勇、謀六個方面，這是姜子牙選拔人才最基礎的標準；「八征」，就是姜子牙在對人才的考察中所採用的八種方法，即通過交談和問話、相互辯論、用財物誘惑、用女色誘惑、考察處理危險的能力和喝酒參宴這幾種途徑來全面瞭解此人的素質和能力；「六不用」則是姜子牙認為的有六種不能任用的人：奸佞狡詐之徒、沽名釣譽之人、假公濟私的人、互相拆臺的人、結黨營私的人和嫉妒賢能的人。姜子牙通過對用人的客觀規律的觀察和發現，開創了「尊賢尚功」的人才使用之先河，這也為後來齊國稱雄稱霸，位列至尊奠定了堅實的基礎。

　　在文化上，姜子牙推行「因其俗，簡其禮」的開明文化政策。他

尊重東夷人的文化傳統，不強迫他們實行周禮，這一政策在很大程度上為他贏得了民心，而且調動起了齊民興齊建國的積極性。

在農業上，姜子牙很注重黍和稻的生產。同時，齊國境內的礦產資源和魚鹽資源也十分豐富，姜子牙因地制宜，利用這些現成的資源大力發展冶煉、絲麻紡織和魚鹽等工業；齊國交通便利，人們有著重視商業的傳統，姜子牙便鼓勵人們發展商業，推進與其它國家的貿易。在這種開放的氛圍中，齊國製造的衣物廣銷各地，魚鹽流通各地，其它國家的人力和財物源源不斷地流進齊國，各個諸侯都慕名前來拜訪齊國。齊國由原本地處偏僻、荒涼的小國家，一躍成為東方的大國。

姜子牙建立齊國之後，大部分時間都在周朝的都城鎬京做著周朝中央政權的「太師」，輔佐周武王姬發的外孫周成王姬誦和重外孫周康王姬釗。姜子牙的大兒子齊丁公姜伋，他也沒有參與治理齊國，而是在鎬京擔任著虎賁氏的職位，負責統領王宮衛戍部隊。齊國開國的三十餘年，營丘基本上是由姜子牙的三兒子齊穆公鎮守著。周成王時期，由管叔、蔡叔、霍叔掀起「三監之亂」，淮夷、徐夷等「殷東五侯」也起兵反周，姜子牙父子輔佐周公旦，坐鎮京都，運籌帷幄，後來還親自領兵出征，衝鋒陷陣，東西夾攻，很快就粉碎了叛軍的陰謀，結束了叛亂，再次為周朝立下了汗馬功勞。周成王去世以後，姜子牙又接受了周成王託孤的遺命，輔佐太子治理周朝，後來又和文武眾臣一起扶立太子姬釗登位，史稱周康王。

康王六年，姜子牙去世，他的大兒子齊丁公姜伋繼任周王室太師，掌管整個周王朝的軍政事務。

昏庸的齊襄公

　　齊襄公是齊僖公祿父之子，名叫褚兒，他是春秋時期齊國的第十四位國君。齊襄公有個妹妹叫做文姜，小時候就是個美人胚子，長大以後更是生得面如桃花，豔麗無比，簡直就是一笑傾城的絕代佳人。有女如此，齊僖公當然很寵愛她，她也因此而養成了任性妄為、輕浮放蕩的性格。兄妹二人自幼就一起在宮中長大，天天形影不離地在一起玩耍，關係十分親密。褚兒沉迷於妹妹的美色，二人即做下了亂倫的事情。不久，褚兒和文姜都到了談婚論嫁的年齡，齊僖公便替褚兒聘了宋國的公主做妻子，並將文姜許配給魯國的國君魯桓公。褚兒和文姜自然不願意分開，無奈父命難為，他們也不敢說什麼。文姜不久就嫁到了魯國，二人被迫分開。

　　西元前六九八年，褚兒即位，為齊襄公。雖然他已經成為一國之君，天下的女人要多少有多少，可他卻放不下對文姜的思念；而文姜雖然在魯國受盡魯桓公的恩寵，卻忘不自己的哥哥，可她也知道自己沒有和哥哥相見的理由，因而天天悶悶不樂。

　　西元前六九六年，這是文姜嫁到魯國的第十五個年頭，齊襄公向周莊王的妹妹周王姬求婚，並且依照周禮，邀請和周天子同姓的魯桓公來主持這場婚禮。文姜知道此事後，要求和魯桓公同去齊國。魯國

的大夫申儒曾勸諫，說這不合禮法，不能讓文姜去。但文姜思念哥哥許久，非要鬧著前去，魯桓公疼愛妻子，不得不答應她的要求。而且，齊國的力量要遠遠強於魯國，對於齊襄公的邀請，魯桓公也不敢輕易拒絕。就這樣，魯桓公帶著文姜前往齊國去了。

齊襄公親自前去迎接，設宴宴請魯桓公和文姜夫婦。然後，他以會見舊日宮中的嬪妃為藉口，將文姜帶到了宮中。齊襄公將文姜帶到他事先準備好的密室中，擺下酒菜和文姜敘起舊來。兄妹二人分別如此之久，四目相對，唏噓不已，相思之情化作情慾之火，二人抱在一起難捨難分，當晚便同床共枕。

魯桓公見文姜這一去一夜都沒有回來，心裡覺得奇怪，便派人前去查訪。這一問之下，得知文姜和齊襄公二人關係曖昧，心中十分氣憤。文姜回來後，魯桓公便和她吵了起來。齊襄公在文姜走了以後也放心不下她，後來得知魯桓公果然對文姜起了疑心，還和文姜大吵一架，他心裡便萌生了要加害魯桓公的想法。

第二天，魯桓公要回魯國，就派人過來向齊襄公辭行。齊襄公以要為魯桓公餞行為由，邀請魯桓公到牛山遊覽。在酒席上，齊襄公故意將魯桓公灌得酩酊大醉，然後讓武士彭生將魯桓公先送回驛館。他盯著彭生的眼睛，語氣很重地說道：「一定要將魯國君送回家。」一路上，彭生看四處無人，便遵照齊襄公的密令，用厚毯子裹住魯桓公，將他悶死在馬車上。身為一國之君，卻為了亂倫的情人殺害另外一國的國君，這在中國的歷史上只怕是空前絕後的。魯國的國君死了，魯國使者不依不饒，一定要齊襄公給他們一個滿意的解釋。齊襄公只得將彭勝生殺死，魯國使者這才作罷。

魯桓公一死，文姜就自由了，她整日留在宮中和齊襄公纏綿，二人一片濃情蜜意，日夜放縱。此時，魯國的新一任國君已經即位，派來使者接她回魯國。文姜和齊襄公難捨難分，但也只能極不情願地跟著使者向魯國走去。他們走到一個叫做禚（今濟南長清縣）的地方，文姜看到這裡乾淨整潔的房屋和街道，心聲感歎，說道：「這裡不是魯國，也不是齊國，我應該在此地安身啊。」於是讓使者回稟魯國新任的國君魯莊公說：「我生性淡泊，喜愛閒適的生活，不想再回到宮中了。若執意讓我回去的話，除非我死了。」魯莊公無奈，只得默認了自己的母親和舅舅的曖昧關係。他為文姜在齊魯的交界建立了房舍供她居住。從此，齊襄公就經常在這裡同文姜幽會。魯莊公還親自來到這裡，同齊襄公一起狩獵。

西元前六八六年，齊襄公讓連稱和管至父到一個叫做葵丘的地方駐守，為期一年。齊襄公說：「現在正是瓜熟季節，到了明年瓜熟的時候，我會派人去接替你們的。」然而一年以後，齊襄公並沒有派人前去接任，連稱和管至父向齊襄公進諫，請求繼任之人，齊襄公也不同意。連稱和管至父心生不滿，便商量著發動叛亂，可他們勢單力薄，必須尋求依靠。

他們想起一個人來，齊僖公弟弟夷仲年的兒子公孫無知。他在小的時候極受齊僖公的寵愛，他受到的待遇和當時身為太子的褚兒一模一樣。然而褚兒即位為齊襄公後，他的待遇就低了。連稱和管至父就勾結了公孫無知，共同策劃這場叛變。連稱還有個堂妹在齊襄公的後宮，她不受齊襄公的寵愛，整日也是怨氣連天。公孫無知讓她負責刺探齊襄公的行動，還許諾說：「等到事情成功了，我就讓你當夫

人。」

　　這年的十二月，齊襄公到姑棼去遊玩的時候，在一個叫做貝丘的地方打獵。一頭大豬出現在齊襄公的視線裡，隨從中有人說：「這是公子彭生啊。」齊襄公生氣地說：「彭生你竟敢還敢現形！」舉箭便要射它。野豬像人一樣站起來嚎叫，嚇得齊襄公從馬上跌落下來，扭傷了腳，還丟掉了鞋子。

　　打獵回來，齊襄公讓隨從費去尋找他的鞋子。費四處搜尋也沒能找到齊襄公的鞋子，回去向齊襄公回稟，因此而遭到他的毒打。費被打得鮮血直流，跑出了宮中，剛好碰見公孫無知和連稱等人率領著大部隊前來。他們正是聽說了齊襄公受傷的消息前來襲擊的。費說：「你們先不要驚動他，驚動了他就不容易殺進去了。」公孫無知不相信他，費便給他們看自己的傷口，他們這才相信了費。費進去將齊襄公藏了起來，公孫無知隨後帶兵闖進去，費帶領著宮中的侍衛和叛軍打了起來，無奈寡不敵眾，侍衛們全軍覆沒。公孫無知到處尋找齊襄公，在一扇門後面發現了齊襄公，將其殺死，公孫無知自立為齊國的國君。

　　齊襄公雖然昏庸，然而在他統治齊國的時候，齊國成功剛兼併了紀國，實現了齊國向東擴充的夢想。更重要的是，在他統治時期內，齊國的政令雖然十分混亂，但綜合國力得到了很大的提升，他訓練出了一支打仗勇猛的虎狼之師，這為日後齊桓公爭霸天下夯實了基礎。

管仲相齊

管仲，名夷吾，春秋時期齊國潁上（今安徽潁上）人。他是周穆王的後代，也是齊國時期著名的賢明臣子。他輔佐齊桓公九合諸侯，統一天下，這對齊國而言具有十分重大的意義，同時，這也推動了整個華夏文明的發展。而對管仲而言，在他的一生中，能在齊國任相也是他施展抱負的重要轉捩點。

管仲少年時期就失去了父親，又有老母親在堂上，生活十分困苦，他也不得不在小小年紀就挑起了家庭的重擔。他有一個好朋友叫作鮑叔牙，為了維持生計，他們倆就合夥經商。管仲家中貧困，出不了多少錢，可到了他們生意做好了分紅的時候，管仲卻要多拿。鮑叔牙的手下很不高興，罵他貪婪，而鮑叔牙卻為管仲說話：「管仲並不是貪婪，也不是要貪圖這些錢。他家中生活困苦，又有老母親需要照顧，這些錢是我自願給他的。」

後來，他們一起參了軍。在戰鬥中，管仲總是在進攻的時候躲躲藏藏，退兵的時候卻跑得比誰都快。大家嘲笑他貪生怕死，都不願意跟隨他作戰。然而鮑叔牙卻說道：「管仲並不是貪生怕死之人，他的家裡有年邁的老母親，如果他戰死了，誰替他照看自己的母親呢？」管仲聽說了這些話，感動地說道：「生我的人是父母，但是瞭解我的人卻非鮑叔牙莫屬啊。」他們就這樣結成了生死之交。

齊僖公有三個兒子：太子　兒、公子糾和小白。後來，齊僖公讓管仲和鮑叔牙分別輔佐他的兩個小兒子公子糾和公子小白。西元前六九八年，齊僖公去世，太子　兒即位，即齊襄公。齊襄公殘暴昏庸，管仲和鮑叔牙害怕他殺害公子糾和小白，二人便找了個機會偷偷離開了齊國。管仲帶著公子糾躲到了魯國，鮑叔牙則帶著公子小白躲到了莒國。

西元前六八六年，齊國的大將連稱發動了叛亂，齊襄公被殺死，公孫無知被立為新的國君。但是公孫無知在位僅一年有餘，就被齊國貴族殺死了。逃亡在外的公子糾和小白看到時機成熟了，便都設法回國，以奪取國君的位置。

齊國正卿高溪和公子小白自幼關係就很好，他暗中派人去莒國接小白回來繼位。小白向莒國借來了馬車和一些兵將，連夜啟程向齊國趕去。而魯國那邊，魯莊公知道齊國沒有了國君，也心急火燎地派兵護送公子糾回國。管仲發現小白比公子糾出發得早，已經快到齊國了，便率先帶領三十名兵士到小白回國的路上伏擊小白。在距離即墨三十餘里的地方，管仲和小白的車馬相遇，管仲拿起弓箭就射向公子小白。只見這一箭剛好射中了公子小白的胸口，公子小白應聲倒下。管仲見小白已死，便率兵撤走。

其實，小白並沒有死。管仲這一箭剛好射在小白衣服帶的鉤子上，小白心知他一箭未達目的一定會再射，為了逃過這一劫，小白倒在地上裝死。經過這件事，鮑叔牙和小白更加警惕，日夜兼程地向齊國進發。到達齊國後，小白在齊國權臣的擁護下被立為國君，為齊桓

公。小白即位後，要求魯國殺掉公子糾，交出管仲。當時，齊國的國力要比魯國強大很多，魯國只好按照齊桓公的要求照做了。

在小白逃亡的途中，鮑叔牙給了他很大的幫助。現在自己被立為國君，他就想要鮑叔牙擔任丞相，幫助自己治理國家。鮑叔牙卻說自己沒有擔任丞相的能力，並大力舉薦被魯國囚禁起來的管仲。他說：「在治理國家這方面，我不如管仲。他為人寬厚，心地仁慈，而且十分忠誠。他除了善於指揮軍隊，還能制定規範的國家制度。這些都是我不具備的能力，所以，如果陛下想要治理好國家，任用管仲當丞相是必須的。」齊桓公不答應，說道：「當初就是他差點將我一箭射死，我現在不殺他是因為我要看看這個人是個什麼人物。我怎麼任用一個差點害死我的人當丞相？」鮑叔牙勸道：「賢明的君主心裡是沒有仇恨的，何況當時管仲是為公子糾效命的，他能為自己的主人忠心耿耿地辦事，也一定會為了國君不遺餘力。陛下如果想強大齊國稱霸天下，沒有管仲是不會成功的。」齊桓公終於被鮑叔牙說服，將管仲接回齊國。

管仲進了齊國的邊界，就見鮑叔牙已經等在那兒了。到了齊國的都城，齊桓公親自出門迎接管仲，還讓管仲坐在他的馬車上，一起進城。到了宮殿，管仲急忙跪下向齊桓公請罪，齊桓公將他扶起，請教起關於富國強兵、建立霸業的方法。管仲條理分明地向齊桓公講述起來，兩個人相談甚歡，一直談了幾天幾夜，直有相見恨晚之意，齊桓公便任命管仲做了丞相。在管仲的大力輔佐下，齊國在政治、經濟和軍事等方面進行了大膽的改革，國力雄厚起來，齊桓公最後終於成了春秋五霸之一，成就了自己的霸業。

西元前六四五年，為齊國霸業嘔心瀝血的管仲患了重病。齊桓公前去探望他，向他詢問還有誰能夠接替丞相這一位置。管仲說：「陛下您應該是最瞭解自己的臣子們的。」齊桓公想要任用鮑叔牙，管仲說：「鮑叔牙太過善惡分明，他見到人做一件惡事，就一輩子也忘不了。這樣的人是不適合從政的。」齊桓公問他：「那，易牙這個人怎麼樣呢？」管仲說：「這個人為了滿足國君的要求，不惜煮熟自己的兒子討好國君。這麼沒有人性的人，不適宜做丞相。」齊桓公又問道：「那麼，衛公子開方怎樣呢？」管仲說：「他捨棄做衛國太子的機會，屈尊侍奉國君十五年，自己的父親去世都不回去奔喪。這樣無情無義，連父子之情都不眷顧的人，怎麼能真心地忠於國君呢？況且，千乘之封是多少人都夢寐以求的封地，開方放棄了千乘之封，俯就於國君，說明他心中想要得到的必定比千乘之封要多得多。對於這種人，國君應當疏遠他，更不能任用他為丞相。」齊桓公又問：「豎刁呢？他寧願傷害自己的身體也要來侍奉我，這樣的人難道對我也不會忠誠嗎？」管仲說：「不愛惜自己身體是違反人情的，這樣的人也不會真心忠於您的。」齊桓公面有難色，似乎想不出更合適了人了，管仲向他推薦道：「隰朋為人忠厚老實，做學問能夠不恥下問，他可以幫助您管理國家大事。」

　　易牙聽說了這番對話，便跑去鮑叔牙那裡挑撥離間，說管仲阻止齊桓公任命他為丞相。鮑叔牙笑著說：「管仲推薦隰朋，說明他毫無一己之私地為國家社稷考慮，對友人不存在任何偏愛和私心。現在我做司寇，驅除朝中奸佞之臣，正是我能做到的事情；如果讓我管理政事，這朝堂之上哪裡還有你們的容身之處？」易牙看到這樣的情形，自己討了個沒趣，灰溜溜地走了。

　　不久，管仲就病逝了。

齊桓公稱霸

　　齊桓公在任用管仲為丞相之後，實行了許多新的措施。他們改革內政，發展生產，同時改革軍制，組建了強大的軍隊，齊國逐漸強盛起來。一天，齊桓公召見管仲，問他：「國富、民強、兵盛，這些我們都做到了，現在可以稱霸天下了吧？」管仲對於齊桓公的政治抱負一向瞭若指掌，便不加掩飾地直接回答他：「爭霸天下是一件大事，不可輕易而為。」

　　西元前六八一年，周釐王姬胡齊即位。管仲建議齊桓公打出「尊王攘夷」的旗號。他解釋說：「周天子雖然勢單力薄，但是畢竟是天子。『尊王攘夷』就是說要尊重周天子的地位，同時聯合起中原各路諸侯，一起抵禦蠻、戎部落對中原地區的侵擾。陛下您可以派出臣子去周朝朝賀，順便告訴周天子宋國國內發生內亂，剛剛繼位的宋桓公地位尚且不穩固，請周天子下命令明確宋桓公的地位。您的手裡有了周天子的命令，就能夠召集各個諸侯訂立盟約了。」這時候的周朝，周王室已經成為了空架子，諸侯根本就不把周王室當回事。周釐王剛剛即位，就有齊國這樣的大國派使臣前來朝覲，周釐王當然興奮不已，馬上委託齊桓公去辦理召集各路諸侯承認宋桓公的國君地位這件事情。

齊桓公接到周天子的命令後，就向各個諸侯發出了通知，讓他們在三月初一那天在齊國北杏會盟，一起來確認齊桓公的地位。然而到了那天，只有宋、陳、邾、蔡這四個諸侯到場。齊桓公覺得有些難堪，想改變日期再次會盟。管仲勸道：「第一次會盟絕對不能夠失信於人，即使只來了四個諸侯，也要完成會盟的盟約。」五個國家的諸侯會見完畢，推舉齊桓公為盟主，並訂立了盟約。盟約中主要申明的規定有：第一，尊重周天子，扶助王室；第二，共同抵禦蠻、戎部落對中原地區的侵擾；第三，幫助弱小，接濟貧困。在會盟之前，齊桓公曾經邀請遂國的國君入盟，不想遭到了他們的拒絕。在會盟結束以後，齊桓公馬上吞併了遂國。

　　西元前六八〇年，宋國背叛了盟約。齊桓公派使者去朝拜周天子，請求代替周天子向宋朝興師問罪。周天子也有要借助齊國的力量打擊宋國以樹立自己天子的權威的想法，便派出大夫單伯帶兵和齊國、陳國、蔡國一起討伐宋朝。宋朝看到齊國打著周天子的旗號前來討伐，也不想背上與天子作對的惡名，便請求歸順王室，與各個諸侯重歸於好。

　　西元前六七九年，齊桓公聯合周天子的代表單伯，和衛、鄭、宋三國的諸侯在鄄地再一次會盟。各個國家看到周天子支持齊國，就共同推舉齊桓公為盟主。齊桓公的霸主地位開始確立。西元前六七八年，齊國又約集了魯、宋、陳、衛、鄭、許、滑、滕等國的諸侯在幽地會盟，大家承認了齊桓公的霸主地位。

　　西元前六七四年，齊桓公出兵討伐戎狄，為自己贏得了「保衛華夏，攘除夷狄」的好名聲。

西元前六七一年，齊桓公和魯莊公在扈會盟。

西元前六六八年，齊國幫助魯莊公討伐徐國。

西元前六六七年，齊桓公又在幽地會盟了各國諸侯。

西元前六六四年，山戎人向北方的燕國發起了大規模的進攻，燕莊公向齊國求援，齊桓公在管仲的協助下，帶領大軍討伐山戎。山戎聽聞齊軍大隊人馬即將前來援助，就放棄了進攻，掠奪了大量金錢財物撤走了。齊軍一鼓作氣，率兵包圍了孤竹國，孤竹國國君在戰亂中死去。六個月的艱苦征戰以後，山戎大敗，令支和孤竹兩個國家被滅，新闢出的方圓五百餘里土地，齊桓公全部交給了燕莊公管理。他說：「你應該執行燕國開國之時的國政，要臣服於周天子，按時向周朝納貢。」燕莊公感激齊國的救國之恩，點頭諾諾稱是。

西元前六五九年，邢國遭到了一夥狄人的侵犯。齊國、宋國和曹國三國國君分別率領各國兵馬共同前去支持。狄人退兵以後，齊桓公又幫助邢國把他們的都城遷到了較為安全的地方。

西元前六五八年，狄人再次侵犯衛國。當時的衛國已經是君死國滅的狀態，考慮到這一點，齊桓公決定幫助衛國在楚丘重新建國。他幫助衛國重新修築新的城池，使衛國得以在黃河南岸重新建立起國都。齊桓公營救燕國、邢國和衛國的行為震驚了中原的諸侯，他的威望如日中天。再加上管仲的細心謀劃，齊國的霸主地位更加牢固。

西元前六五七年，齊桓公的盟主地位只有位於南方江淮流域的楚國不服。齊桓公召集各國國君在陽谷會盟，商討討伐楚國營救鄭國的

事情。第二年，齊桓公率領八個國家的軍隊先行進攻楚國的盟國蔡國；然後，齊桓公又率領大軍進攻楚國，迫使楚國向周天子納貢。在召陵，他們訂立了盟約，讓楚國向周朝稱臣，每年都向周朝進貢。楚國答應了訂立盟約以後，各國退兵。這就是歷史上的「召陵之盟」。

西元前六五五年，周王室發生了更換太子的事情。原本周惠王已經立了王子鄭為太子，然而王后喜歡小兒子帶，周惠王便想廢了王子鄭，改立帶為太子。周惠王去世以後，齊桓公約集了各國諸侯在洮會盟，將王子鄭扶上了周天子的位置，這就是周襄王。

西元前六五一年，齊桓公和各個諸侯國在葵丘會盟的時候，周襄王為了感謝齊桓公帶頭支持自己即位，便派人賜給齊桓公在宗廟祭祀中所使用的胙肉和彤弓矢以及天子車馬等，這代表著周天子對於齊國的最高獎賞。周襄王派人參加這次會盟，並且賜予齊桓公如此豐厚的禮物，說明連他也承認了齊桓公的霸主地位，他的霸權達到了頂峰。

這是齊桓公第九次成功地會盟諸侯，也是最後一次。所以在歷史上，人們把齊桓公稱霸的過程稱作「九合諸侯」，而他維護周朝王室「一匡天下」的行為，則是他最受世人矚目並得以永垂史冊的行為。

崔杼、慶封之亂

　　齊桓公是賢明的君主，位列春秋五霸之首，文治和武治在當時都盛極一時。然而，這個縱橫天下的英雄，最後卻被他的寵臣易牙、開方和豎刁三個人活活餓死，死後屍身六十七日之後才被人發現。他死後，他的五個兒子公子無詭（無諡號）、公子昭（齊孝公）、公子潘（齊昭公）、公子商（齊懿公）、公子元（齊惠公）為了爭奪王位，互相殘殺。

　　西元前五九九年，齊惠公去世後，他的兒子無野，也就是齊頃公繼位。齊惠公在位時，有一個叫做崔杼的年輕人很受寵，無野繼位後，齊國的大臣高氏和國氏害怕他受到崔杼的脅迫，便把崔杼驅逐到了衛國。

　　西元前五八一年，齊頃公去世後，他的兒子環繼位，這就是齊靈公。此後，崔杼回到了齊國，並受到齊靈公的重用，官至大夫。

　　齊靈公的夫人魯女姬顏沒有生子，姬顏陪嫁的侄女姬聲生下了公子光，被立為太子。除此之外齊靈公還有兩個妃子：仲子和戎子，仲子生下一個兒子，取名叫牙，過繼給戎子撫養。戎子長得嬌麗柔美，又善於諂媚逢迎，所以深得齊靈公的歡心。戎子恃寵而驕，經常在齊

靈公的枕邊吹風，進言立子牙為太子。齊靈公平時也很疼愛這個孩子，便不假思索地答應了。他把原來的太子公子光流放到齊國東部的邊境即墨，另立牙為太子，並且任命大夫高厚為牙的大師傅。

西元前五五四年，齊靈公身患重病，大夫崔杼與高厚為了爭權奪利，殺死了太子牙母子二人，並將公子光從即墨偷偷接回，重新將他立為太子。齊靈公知道這樣的變故，吐血而亡。崔杼擁立太子光為齊國的新任國君，這就是齊莊公。

齊莊公即位後，崔杼立即殺害了輔佐牙的高厚，他自己則做了齊國的士大夫。後來，齊國大夫棠公去世，崔杼前往弔唁。為崔杼駕車的人叫東郭偃，他的姐姐正是棠公的夫人棠姜。棠姜長得很漂亮，崔杼一見便鍾情於她，便催促東郭偃將棠姜為自己娶來。東郭偃剛開始並不同意，但是拗不過崔杼，只得將棠姜嫁給了崔杼。

崔杼強行將棠姜娶進家門，沒過多久就發生了變故。齊莊公也看上了棠姜，沉迷於她的美色中無法自拔，整日找機會偷偷與她私通。時間久了，崔杼自然看出了不對，然而他一時間也沒辦法動怒，只能耐著性子尋找報復的機會。

不久，齊國東邊的莒國派使者黎比公前來拜訪齊國，齊莊公設宴招待他。崔杼認為這是個可以報仇的極好機會，就稱病不去赴宴，反而在家裡精心策劃一場弒君的計策。齊莊公則趁著這個機會早早離開了宴會，帶著幾個護衛就去找棠姜幽會去了。他將幾個護衛留在崔家門外，自己進入了棠姜的臥房。棠姜遲遲沒有出來，齊莊公竟在屋裡吟誦起情詩來。正當他激情澎湃而棠姜翩翩而出之時，崔杼一聲令下，暗藏的殺手一擁而上，把齊莊公和他的護衛全部殺死。

殺害了齊莊公後，崔杼和慶封合謀將齊莊公同父異母的弟弟杵臼立為國君，這就是齊景公。崔杼自立為右相，慶封為左相。慶封打算殺死不願意同他們合作的大臣晏子，然而崔杼認為晏子是一名重臣，頗具民心，這才放過了他。

　　崔杼自封為相國以後飛揚跋扈，為所欲為，朝政都掌握在他一個人手中。但他心裡十分惶恐自己犯下的弒君之罪，尤其擔心被史官記錄下來，遭到後人的唾棄和謾　。因此，他命人將記載史事的太史伯找來，對他說：「昏君已經死了，你就說他是暴病而亡的，不然可別怪我對你不客氣。」說完，崔杼將劍抽出，寒光閃閃地放在太史伯面前。太史伯抬頭看看他，提起筆在竹簡上慢慢寫起來。寫完後他將竹簡遞給崔杼，崔杼一看，上面寫著：「夏五月，崔杼謀殺國君光。」崔怒看完後十分憤怒，舉劍將太史伯殺死。

　　隨後，他又召來了太史仲，對他說：「你哥哥不聽我的話，我已經將他處決。你就寫齊莊公是病死的，不然你的下場會和你哥哥的一樣。」崔杼原本以為太史仲會迫於他的威脅而從命，可他沒想到，當太史仲奮筆提書以後，竹簡上寫下的還是「夏五月，崔杼謀殺國君光」這句話，崔杼又拔劍殺死了太史仲。就這樣，崔杼連殺了三個史官，得到的卻依舊是他們寧死不屈的話語：「按照事實記載歷史是史官的天職，要迫於你的淫威記載錯誤的事情，還不如被你殺死。」於是，史書上留下了這樣的記載：「周靈王二十四年，齊莊公六年，夏五月，崔杼弒齊莊公光於其府……」

　　崔杼專橫地壟斷了朝中大權，權傾一時，卻也招致了別人的反感

和嫉妒。慶封看到崔杼春風得意的樣子，心生不滿，想要殺了他取而代之。他挑撥崔杼的兒子們，讓他們為了爭奪做後嗣的資格而爭執不休，接著，慶封趁機引誘崔氏的子弟相互爭奪，還提供給他們兵器，幫助崔杼的嫡子崔成和崔彊刺死了東郭偃和棠無咎。崔杼聞之大驚失色，急忙跑來向慶封哭訴家中的變故。慶封裝作毫不知情，故作驚訝地說：「這兩個孩子怎麼可以這樣目無尊長！你先留在我家裡喝酒壓壓驚，我這就去勸勸他們去。」他派盧滿嫳帶了一隊兵馬前去將崔杼的一家老小全都斬盡殺絕，並將他的房屋燒毀。然後他回來稟報隨主說：「那些孩子們不聽勸，我已經把他們全殺了。」崔杼急忙回到家中，看到自家的殘破景象，知道自己落入了慶封的陷阱中，悲痛之下，崔杼自縊身亡。

崔杼死後，慶封果然將朝中大權攬到了自己懷中。他喜歡喝酒打獵，終日酒不離身，更是無心政令。他讓自己的兒子慶舍代替自己執政，把自己的財物和家室全都遷到寵臣的家裡，天天就在那裡喝酒作樂，處理政事。齊國的大臣田文子認為他將來一定會犯上作亂，便和田、鮑、高、欒四大貴族商議，找個機會殺掉慶封。

西元前五四五年十月，慶封出去打獵。四大貴族率領家丁攻佔了慶封的丞相府。慶封外出歸來後，沒辦法進門，只好逃往魯國。齊國責怪魯國收留他，慶封只好又逃往吳國。吳國將朱方（今江蘇鎮江東）賜給他做封地，慶氏於是得以在那裡聚集生活。後來，慶氏的富有程度竟然超越了齊國，成為春秋時期著名的富豪。後來，朱方被楚人奪取，慶封也被楚人殺死。

田氏代齊

　　西元前六七二年，陳宣公想把王位傳給自己的兒子陳款，便殺掉了自己的哥哥厲公的兒子，也是當時的太子禦寇。厲公的二兒子陳完害怕自己也遭到陳宣公的毒手，便倉皇出逃。陳完剛剛出生的時候，厲公為他卜過一卦預測他的未來，卦象的意思是陳完將來可能會取代陳這個國家，但是不會是在陳國，而是在別的國家。這個卦象也不會應驗在他的身上，而要應驗他的子孫身上。如果他身處別的國家，必定是姜姓之國、四嶽之後。兩個強大的事物是不可能同時存在的，陳國衰弱以後，他這一支就將會強大起來。

　　於是，陳完輾轉流離地來到了齊國。

　　齊國向來有尊重賢才的傳統，即使對於其它國家前來投奔的人，也能夠大膽任用。齊國當時國富民強，齊桓公也正處在大力發展國家的時期，最重要的是他不知道有這麼一個卦象。所以，對於陳完的到來，齊桓公很是喜出望外，便想任用他為卿。陳完拒絕道：「我只是個寄居在貴國的小臣，有幸得到寬恕已經感激不盡。能夠免除我的罪過，放下負擔，已經是您給予我的極大恩惠了，我哪裡還能接受這麼高的職位呢？」於是，齊桓公就根據陳完擅長管理手工業的家族淵源，讓他做了管理百工的工正，爵秩為大夫。

陳完到了齊國之後，就改姓田了，叫做田完。大夫齊懿仲想把自己的女兒嫁給田完，就去卜了一卦，占卜的結果說：「有媯氏的後代陳氏，會在姜姓那裡成長，五代之後將會繁榮產生並且取得正卿的地位；八代之後，地位就可以沒有其它人比得上了。」齊懿仲就放心地把女兒嫁給了田完為妻。田完去世之後，諡號為敬仲，他的後世承襲著他的工正之職。

田完的曾孫子田須無侍奉著齊莊公，他為人機靈懂事，而且足智多謀，齊莊公十分寵愛也很賞識他。齊莊公四年，田須無在一片反對之聲中果斷出兵討伐衛、晉，並且大勝而歸。他去世後，他的兒子田桓子繼承了他的爵位。此時，陳完幼時的占卜似乎開始應驗了，田氏開始昌盛起來。田桓子當了齊國的大夫，聯合鮑氏和當時專權的欒氏和高氏進行鬥爭，並趁二人飲酒之時一舉將其誅殺。

田桓子死後，他的兒子田乞接任他的位置。姜氏這時候已經到了第二十五代統治者齊景公，齊景公是個貪圖榮華富貴的人，到了晚年更是喜歡浪費人力、物力大肆地興建宮室，生活奢侈，還喜歡濫用刑罰；國庫中的布、帛、稷、粟都放得腐爛了，有些還生了蟲子，可是人民的生活卻苦不堪言，道路上滿是餓死的屍體。遇到災情，他也根本不盡心盡力去救濟災民。而田乞卻要求推行新政，收稅的時候用小斗進行收取，而放出的時候則用大斗將糧食量給人民，以此來收買人心。

西元前五三九年，齊景公派晏嬰出使晉國。晏嬰私下裡就對叔向說道：「齊國的政權總有一天會落到田氏手上的，田氏雖然沒有太大

的功德，可是他能夠借著施恩。有恩於人民的人，人民是會擁戴他
的。」

西元前五一六年，晏嬰陪著齊景公議論政事。齊景公看到面前豪
華的宮殿和擺設，歎著氣說道：「這宮室是多麼繁華美麗，我死之
後，誰會擁有這些呢？」晏嬰說道：「像您說的那樣，恐怕非田氏莫
屬了。田氏雖然沒有建立太大的功德，但是他們對於人民有施捨。豆
區釜錘等用來稱量的容器，他從公田徵稅就用小的，而對民眾施捨就
用大的。君主向來徵稅多，而田氏則是施捨多，人民自然都向著他
了。田氏如果不滅亡，那麼您的後代如果稍有懈怠，這個國家馬上就
會易主，為田氏所有。」齊景公聽了，擔憂地問道：「是啊，那這事
要怎麼辦才好呢？」晏嬰回答說：「只有禮才能制止這種事情發生，
如果所作所為符合禮，家族的施捨趕不上國家對人民的施捨，人民才
會不遷移，農夫就不用挪動，工商之人也可以不改行，士就不用失
職，官吏們也不用怠慢，大夫不占取公家的利益。」齊景公說：「從
現在開始，我知道要用禮來治理國家了，但是我大概已經做不到
了。」齊景公很贊同晏嬰的說法，但是已經為時已晚。雖然他採取了
一些方法來限制田氏的發展，但是收效甚微。

春秋後期，齊國開始由強變弱，君王的廢立開始由貴族和權臣來
決定。齊景公生病的時候，讓國夏和高張二人輔佐他的寵姬生的兒子
荼為太子。後來齊景公去世，荼即位，為晏孺子。可是田乞不滿意這
個結果，他想將齊景公的另外一個兒子陽生立為國君。陽生和田氏的
關係一向很好，在晏孺子即位後，他就逃到了魯國。

田乞假裝很擁護國夏和高張二人，熱心地侍奉著他們。暗地裡，他卻到處挑撥士大夫們和國夏、高張兩個人的關係，掀起了一場紛紛擾擾的鬥爭。他對國夏和高張兩人說道：「一開始各位大夫都不想立孺子的，孺子即位後，你們兩位任相國，大夫們可都人人自危，都在圖謀造反呢。」另一方面，他又對大夫們說道：「高張這個人實在是很可怕，趁他還沒有對我們下手，我們先殺了他吧！」大夫們都聽從了田乞的話。田乞、鮑牧和眾多大夫們領兵進入宮廷，高張聽說有變，急忙與國夏一起去救國君。無奈田乞一行來勢洶洶，勢在必得，國君的軍隊馬上就戰敗了。國夏逃往了莒國，晏嬰的兒子晏圉則逃往了魯國。

田乞派人到魯國將陽生接回來，讓他先躲在自己的家中。田乞邀請大夫們到他家裡飲酒，當大家喝到興起的時候，田乞將陽生叫出來，說：「這才是齊國的國君。」大夫們全都俯身拜見，隨即就將他擁立為齊國的國君，這就是齊悼公。田乞因此身居齊國相位，開始執掌齊國的大權。

田乞死後，他的兒子接替他的職位，繼續收買民心。後來，他弒殺了齊簡公，對外割裂土地，結交諸侯；對內進行了一次大清理，把鮑氏、晏氏等可能對自己產生威脅的人物統統殺害。他死後，他的兒子田盤將田氏兄弟的族人分別委派到齊國各地做大夫，田氏從上到下控制了齊國的政權。

又經過好幾代人的經營，在田和這一代，姜姓齊國的最後一個君主齊康公被流放到海上，田和取而代之。西元前三八七年，周天子策命田和為齊候，位列周室。至此，姜姓齊國完全被田氏取代。

「田氏代齊」在歷史上具有著十分重大的意義，它標誌著新興的封建勢力開始正式掌握政權，不少歷史學家將「田氏代齊」和「三家分晉」相提並論，認為這兩件事情是中國歷史從春秋時期進入到戰國時期的重要標誌。

魯周公世家

周公姬旦

　　周公姬旦是黃帝的第二十九世裔孫，是周文王的第四個兒子，也是周武王同父異母的弟弟。他的封地在周，因而被稱為周公。周文王在世的時候，周公就很孝順，也十分仁愛，周武王即位後，他就輔佐周武王處理政務。

　　西元前一〇四六年，周武王討伐殷商，周公發佈了《牧誓》來動員這次戰鬥，鼓舞士兵們的鬥志。周武王滅了殷商以後，採用了封邦建國的策略，將周公封在魯地。但是，周武王並沒有讓周公親自去魯地，而是讓周公的長子到魯地去建立魯國，而把周公留在自己身邊輔政。

　　周公在安定社會和建立制度方面作出了很大的貢獻，為了方便通知商朝的遺民，周武王把原來由商紂王控制的領地分為三個部分：殷都朝歌以北為邶，封給紂王的兒子武庚祿父；朝歌以東為衛，封給武王的弟弟管叔鮮；朝歌以西封給武王的弟弟蔡叔度。

　　滅了商朝回歸鎬京後，周武王和周公說起要在洛水和伊水之間的平原地帶建立新的都城，以便控制東方。因為日夜操勞，周武王身染重病，臥床不起。周公焦急萬分，虔誠地向祖先祈禱道：「你們的子

孫姬發生了重病，如果你們欠上天一個孩子，那麼就讓我代替他去死。我是有仁德之人，也多才多藝，而你們的子孫姬發還需要治理國家，不能去侍奉鬼神。」然而周公的祈禱並沒有起到多大作用，周武王還是在不久之後撒手人寰。臨終前，周武王想要把王位傳給周公，周公跪在地上哭泣不止，堅決不肯接受。

周武王的兒子姬誦繼位，他就是周成王。周成王當時還是個孩子，於是周公就代替他攝政。管叔和蔡叔對於周公攝政這一事情很不滿，從兄弟的排行上講，管叔排行第三，周公排行第四，管叔為兄，周公為弟。無論是繼位還是攝政，管叔都應該排在周公的前面，所以管叔十分不服。而蔡叔雖然排行第五，但他是支持管叔的。他們到處散佈謠言，說周公對周成王不忠，想要害死他然後奪取王位。他們鼓動武庚祿父一起發動了叛亂，來反對周公。一時間，周王室陷入了風雨飄搖之中。

周公卻不慌不忙，他先說服了太公望和召公，他說：「我不逃避現在的困難的形勢，而堅持主持周朝的政權，是擔心天下有人背叛周朝。武王過早地離開了我們，成王又如此年幼，我這麼做是為了周王朝，並不是為了一己之私。」在統一了內部意見以後，第二年周公便率兵東征，討伐管叔、蔡叔和武庚等人的叛亂。這次東征持續了三年，最終管叔和武庚被殺掉，蔡叔被流放。周公乘勝東進，消滅了參加這次叛亂的五十個小國家，周朝的統治地區由此延伸到了東部的沿海地區。

此後，周公對天下重新進行了分封。他將周朝同姓的兄弟、有功

之臣和貴族分別封到全國各個重要據點，為諸侯國；各個諸侯在自己的國內又將一部分土地賜給大夫，稱為采邑。這一系列從上到下的統治體系構成了周朝統治全國的基礎，也組成了以周王室為中心，以各個諸侯國為主要組成部分的統治體系。

周公還設立了龐大的官僚體系機構：中央由太師和太保來輔助周天子統治天下；常伯、常任和淮人這三事大夫分別管理地方的民事，比如任用當地官吏、進行司法審判等；大史、大祝、大卜、大宰、大宗、太大這六大分別負責朝中各項政事和祭祀活動；一些「內服」的職官，如司徒掌管農田耕作的事務，司空掌管官職事務，司馬掌管軍事事務，司寇掌管司法立法等，他們都是專門管理朝廷事務的；還有一些「外服」職官，比如侯、甸、男等，他們是處理諸侯國事務的。

同姓的諸侯，除了和周天子保持著政治上的從屬關係之外，在宗法上也保持著嚴格的關係：嫡長子繼承制，即，只有嫡長子才可以繼承爵位。周公實行了同姓不得結婚的制度，異姓之間則不受限制，這樣，周天子和異姓諸侯之間就通過婚姻建立起了血緣關係：周天子和同姓諸侯為叔伯，與異姓諸侯則為甥舅，這就擴大了周朝的統治基礎。周公通過這些龐大的官僚機構製度，以及強有力的軍隊，終於將周朝的統治地位鞏固得萬分牢固。

為了鞏固周王朝的等級制度，周公建立了一整套禮樂制度。所謂的禮，指的就是在封建社會劃分等級和名分的典章制度。禮的制度十分複雜和煩瑣，大到婚葬嫁娶，小到衣食住行的行為都進行了嚴格地規定。它一共包括五個部分：一是吉禮，是為了祭拜鬼神；二是凶

禮，是為了喪葬；三是賓禮，是為接待賓客；四為軍禮，是為興師動眾；五為嘉禮，是為婚宴嫁娶。所謂的樂，指的就是音樂。音樂的享用在當時只是少數奴隸主擁有的特權，不同等級、不同場合分別用什麼樣的音樂，都有著嚴格和細緻的規定，不能濫用。禮和樂相輔相成，共同維護著封建等級制度。

當時，周朝的都城是在遠離中原地區的豐鎬，位於整個版圖的西部。周公想起周武王當初和他商議的要在洛水和伊水之間營造新的都城，便決定建造東都洛邑。在周公輔政的第五年，他來到洛邑，觀察了洛邑的現狀，還進行了占卜。占卜的結果說，在這裡營造都城為大吉，將有助於周王室的興旺和發達。新的都城洛邑經過一年左右的時間，終於全部建成。

當東都洛邑全部建成的時候，周公的禮樂制度也初步成形了。這時，周成王也長大了，周公便把自己手中的政權全都交到了成王的手中，自己退居二線，輔佐成王。遷都洛邑後，周公召集了天下諸侯舉行了慶典，並正式冊封宣佈各項典章制度，即所謂的「制禮作樂」。

周公擔心周成王年少輕狂，太過於放縱自己，貪圖安逸的生活，便寫了一篇文章〈無逸〉來勉勵成王。他勸告成王，一味貪圖享受只能將自己推進毀滅的深淵，勤於政事，辛勤做事才能讓國家長治久安。商代的幾個賢明的君王以及周文王都是他可以學習的榜樣。只有勵精圖治，愛護百姓，才能得到民心，長久地擁有王位。周公教導他要有所作為，要像周文王那樣將國家治理得井井有條，才是一個成功的君主。

周公在晚年才回到了他的封地魯國。他死後，周成王用最隆重的天子禮節將其安葬在文王和武王的陵墓旁邊，以示周公完成了文王和武王都沒有完成的事業，肯定了他一生的功勞。

隱桓之事

　　魯國的第一任國君伯禽，他就是訂立了周朝的規章禮儀制度的周公的長子，所以魯國一向被人們認為是與周王室關係最為親密，也是最有地位的諸侯國，更是所有諸侯國中保留著周禮最完整的「禮儀之邦」。

　　魯國的第十三任國君魯惠公在位期間，勵精圖治，國力得到了顯著的提升，人民也對他心悅誠服。他看到秦文公居然用祭天子的禮儀來祭祀天帝，於是向平王申請，而平王卻沒有答應他的申請。魯惠公因此大怒，執意用祭天子的禮儀來祭祀了天帝，平王得知也不敢過問此事。

　　西元前七二三年，魯惠公去世。按照周禮，應該由嫡長子即位，然而太子姬允年僅七歲，於是他的庶長子息姑代為攝政，為魯隱公。待太子姬允長大成人以後，他還要將王位和政權都還給姬允。魯隱公執政能力一般，沒有什麼過人之處，他自己也沒有野心，一直惦念著等到太子長大了，就將政權還給太子。只是他沒有像周公輔佐成王那樣，臨朝聽政的時候都抱著太子過去，只是起到一個「代理」國相的作用，魯隱公成了事實上的國君。他雖有退隱之心，卻因太過貪戀權位而猶豫不決，最後被殺害了。

西元前七一二年，魯國的大夫羽父向魯隱公毛遂自薦想要當宰相，魯隱公回答說：「太子姬允已經長大，他馬上就可以親自主政了，你不如直接去詢問他吧。」羽父誤會了他的意思，自作聰明說道：「姬允已經長大，您如果將政權都交回了他手裡，您手中可就沒有實權了。不如，讓我幫您殺了他免除後患，這樣您就可以一直安穩地坐著這個國君的位置了。事成之後，您就任命我為宰相，您看怎樣？」魯隱公嚇了一跳，說道：「姬允已經長大了，國君的位置我遲早都要還給他的，我哪裡敢覬覦這個位置呢？」羽父知道自己說錯話了，如果姬允以後即位聽說了這事情，他一定難逃一死。於是，羽父心裡便產生了更加惡毒的想法。

　　羽父去找了太子姬允，對他說：「魯隱公見你長大成人，馬上能夠接任政權了，今天他特意將我召進宮去，讓我殺了你呢。」然後他又信誓旦旦地保證道：「我當然不會按照他說的去做的，現在我特意來通報給太子您，您應該先下手為強，自己才不會有性命之憂啊。」姬允馬上感激地說道：「此次大難，如果我不死，等我成為了國君一定立你為宰相。」

　　魯隱公在尚未成為國君時，曾經在與鄭國作戰的戰爭中被俘虜，他賄賂了鄭國當時的大夫尹氏才得以逃脫。所以，魯隱公就把尹氏的家神供在一座園子裡，他時不時地會去祭拜一下，以感謝他的救命之恩。祭拜完了之後，他會在附近的大臣蒍氏家裡住下。羽父趁著魯隱公去祭拜尹氏家神的時候將魯隱公殺害，並嫁禍於蒍氏，將蒍氏一家屠殺殆盡。

西元前七一一年，姬允即位，為魯桓公，並任命羽父為宰相。而當時的齊國，國君齊僖公有兩個女兒宣姜和文姜，都是一笑傾城的美女，齊僖公也很為這兩個漂亮的女兒自豪。可文姜卻和他的哥哥太子諸兒通奸，做下了有違倫理綱常的事情，惹來了外人不少的指點和議論。文姜原本要嫁給鄭國的世子姬忽，姬忽聽說了這樣的謠傳，便婉言謝絕了這椿婚事。西元前七○九年，魯桓公貪戀文姜的美貌，將他娶來做了自己的夫人。三年後，文姜生下一個孩子，生日竟然還和魯桓公在同一天，所以取名為「同」，並被立為了太子。從這以後，文姜的地位更高了，也更加受到魯桓公的寵愛。

西元前六九四年，魯桓公想帶著文姜到齊國去拜謁齊襄公。大臣們紛紛反對，因為大家對文姜和齊襄公以前的關係都心知肚明，害怕自己的國君此去會遇到危險。大臣申勸說道：「男人應該有自己的妻子，女人應該有自己的丈夫，這之間的界限應該很嚴謹，容不得半點褻瀆，這樣才能稱得上有禮。如果違反了這樣的禮，就會帶來不好的事情。還望主公三思而行。」然而，這樣的勸說也沒能讓魯桓公改變想法。他想要搞好齊國和魯國之間的關係，再加上自己最寵愛的文姜整天在自己耳邊說，她離開家鄉已經這麼多年了，很想念家裡的親人，想要回去看看他們。魯桓公見她說得懇切，一時心軟就帶上她，又帶了幾個隨從，就向齊國走去。

齊襄公在濼接應齊桓公，然後他們一同來到齊國的都城臨淄。魯桓公看到齊國國內一片安居樂業、其樂融融的景象，心想齊國是個大國，如果與齊交好，對魯國一定大有好處。因此，他對待齊襄公十分親熱，言談話語中時不時流露出要與齊國睦鄰友好的意思。

齊襄公對待魯桓公也十分熱情，魯桓公也很感激他。可他沒想到的是，齊襄公將他安置好以後，就和文姜重溫舊情。得知此事後怒火中燒的魯桓公沒辦法拿齊襄公怎樣，只好將一腔怒火全都灑在了文姜身上。文姜害怕等回了魯國以後，自己無依無靠的真的會被魯桓公殺害，便向齊襄公求助。齊襄公聽後十分憤怒，答應一定會殺掉魯桓公。

　　不久，魯桓公便向魯桓公辭行。齊襄公以餞行為由，設了豐富的酒宴殷勤招待魯桓公。齊國的歌舞很有名，臨淄的人吹竽彈唱、跳舞彈琴都很精彩，魯桓公看著眼花繚亂的歌舞，喝著身邊的齊襄公一杯又一杯敬上來的酒，不知不覺中喝得酩酊大醉。

　　看看時機已成熟，齊襄公向身邊的一個侍衛彭生使了個眼色。彭生會意，攙扶著魯桓公說：「大人，您醉了，我先送您回驛館吧。」彭生將魯桓公扶上馬車，行到無人之處就將魯桓公殺害了。

　　魯國人知道齊襄公害死了他們的國君，無奈魯國的勢力太過薄弱，根本不能拿齊國怎樣，只是讓使者向齊襄公要個說法。最後，齊襄公只能將彭生殺死，這件事才就此作罷。

慶父之亂

西元前六九三年，魯桓公去世。他的四個兒子：嫡長子公子同，嫡次子季友，庶長子慶父，庶次子叔牙，四個人中，魯桓公的嫡長子姬同即位，他就是魯莊公。

這一年，周天子把自己的妹妹許配給了齊襄公，按照周禮，「王姬」的婚禮是要由公侯來主持的。於是，這個光榮的任務就落在了同樣姓姬的魯莊公身上。可對於魯莊公而言，這並不是很光榮的事情，因為他是在為自己的舅父，也是自己母親的奸夫，更是自己的殺父仇人主持婚禮。不久，王姬就為齊襄公生下了一個女兒。魯莊公的母親文姜不顧年齡懸殊，將尚在咿呀學語的外甥女許配給了已經十九歲的魯莊公。

西元前六九二年，魯莊公在家中修築了一個瞭望臺，他閒來無事在臺上四處張望的時候，看到了黨大夫家裡年輕貌美的女兒孟任。魯莊公對她心生喜愛之情，便要她嫁給自己。孟任剛開始並不答應，可她越不答應，魯莊公就越想得到她。魯莊公答應立她為富人，並且將自己的胳膊割破立下誓言，孟任這才答應了嫁給他。孟任後來生下一個男孩，起名為斑。斑長大後，喜歡上一個姓梁的女孩子，有一次斑去找那個女孩的時候，看到一個養馬人犖在牆外調戲那個女孩。斑一

怒之下將他鞭笞了一頓，魯莊公聽說這件事後，說道：「犖這個人是很有抱負很有潛力的，不能打一頓就放了，應該殺了他。」斑沒有將魯莊公的勸告放在心上，沒有顧上將犖殺死，最後反被犖所殺害。

西元前六八九年，齊襄公去世。文姜沒有了念想，便回到了魯國，全心全意地幫助魯莊公料理家務，處理政事。在她的輔佐下，弱小的魯國一躍成為當時諸侯國中的強國。齊襄公的女兒成年後，文姜又為魯莊公舉行了婚禮，讓他迎娶自己的外甥女，這就是哀姜。為了迎娶哀姜，魯莊公還把自己的父親魯桓公廟上的匾額重新刷上朱紅色的油漆，在椽子上雕刻上花紋，來炫耀自己娶到了哀姜。

哀姜嫁得還算風光，只是婚後她一直沒有生育，她的陪嫁侍女中一個叫做叔姜的倒是生了個兒子，叫做開。哀姜可能是受到了文姜的影響，對偷情之事極為熱衷，再加上她不能生育，因而更加放肆，與魯莊公的弟弟慶父私通成奸。

西元六六二年，魯莊公病倒了。他沒有嫡子，就想將長子姬斑立為繼承人。他害怕慶父不服而犯上作亂，就將自己的弟弟叔牙找來，試探著問道：「我死以後，誰能接任我呢？」叔牙以為魯莊公是在向他諮詢意見，便回答道：「慶父可以勝任。」魯莊公聽了這個回答，心裡就是一涼，這正是他的擔憂所在。

接著，魯莊公又找來自己比較信任的弟弟季友，問了同樣的問題。季友知道魯莊公在憂慮什麼，回答他道：「我誓死效忠姬斑。」魯莊公很滿意他的回答，便把自己的憂慮告訴了季友。季友以魯莊公的名義將叔牙叫到魯國大夫季劫的家中商議事情。叔牙如約來到季劫

家中，季劫就拿著一杯毒酒對叔牙說道：「如果你喝了這杯毒酒，我就留下你的子孫後代為你祭奠；若你不喝，那我會讓你連子孫後代都沒有。」叔牙只好喝下了這杯毒酒。

魯莊公聽到叔牙死去的消息之後便閉上了眼睛，他以為這樣可以解決他的憂慮，姬斑可以輕鬆地坐上國君的位置。然而他不知道的是，魯國的災難由此才剛剛開始。他去世之後，季友擁立了姬斑做國君，可他不敢讓姬斑回到王宮裡住，只得讓他先借宿在孟任的娘家。

姬斑即位後，季友掌握了大權。雖然季友和慶父也是兄弟，但是他們在政治上有著很大的分歧，季友的掌權勢必會威脅到慶父的地位。況且，季友一向都很正直，不會任由他為所欲為，更不會明知他與哀姜私通而不過問。同時，身為「國母」的哀姜也不喜歡姬斑做國君。她自己沒有兒女，跟姬斑也存在著矛盾：「國母」這個位置原本是魯莊公許諾給姬斑的母親的，可是被哀姜搶去了，姬斑因此對哀姜心懷不滿，哀姜也時時需要防著姬斑。現在眾人擁立了姬斑做國君，她當然擔心了。

於是，慶父便和哀姜密謀暗殺姬斑。這時，姬斑曾經鞭打過的那個叫犖的養馬人出現在他們眼前，慶父便唆使他在姬斑服喪期間打死了他。季友知道後也毫無辦法，只能趁亂帶著魯莊公的另一個兒子姬申逃到陳國躲避。

西元前六六一年，慶父將哀姜的侍女叔姜的生子姬開立為魯閔公。魯閔公年幼，自然不懂得管理大人的事情，慶父更加為所欲為，跟哀姜打得十分火熱，他的野心也隨之越來越大。

西元前六六○年，慶父覺得魯閔公雖然年少不懂事，但卻礙手礙腳的。他便和哀姜一起合謀，指使殺手殺害了魯閔公後，慶父準備自己當國君。魯閔公是齊桓公的外甥，齊桓公便派仲孫湫去魯國弔唁。仲孫湫回來後歎息著對齊桓公說：「慶父不死，魯國的災難就難以終止啊。」此時距離魯莊公死去才過去兩年，慶父就竄通別人接連殺了兩個國君，他自己的所作所為也十分荒淫無恥，還在民間作威作福，欺壓百姓，給社會上帶來了極大的災難，魯國的百姓們對他的行為都十分憤怒。

　　西元前六五九年，內憂外患讓慶父十分害怕，他拋棄自己的情人哀姜，隻身逃亡莒國。季友則帶著姬申回到了魯國，將姬申立為國君，為魯僖公。

　　魯僖公繼位後，知道慶父這個人作惡多端，他的存在對魯國而言是個嚴重的威脅，便請求莒國將他送回來。慶父知道自己作孽太多，回到魯國一定不會有好下場，便在途中自殺身亡。哀姜眼看自己大勢已去，急忙逃往邾國。邾國只是一個依靠著齊國的小國家，哀姜的本意是希望自己的娘家齊國能為自己撐腰，卻沒想到齊國當時的國君齊桓公根本不買她的賬。齊桓公是哀姜的爸爸齊襄公的弟弟，他們的關係本來就不好，而且他知道哀姜和慶父把原本穩定繁榮的魯國搞得民怨連天，對這個淫蕩禍國的侄女更是沒什麼好感。他命令邾國把哀姜送到齊國，並處死了她。

燕召公世家

燕王噲讓位

　　周武王滅了商朝以後，把輔助他成就大業的召公封在了北燕（今北京及河北中北部），召公將燕國的都城定在了薊（今北京房山區琉璃河）。

　　召公姓姬，名奭，他是周武王同父異母的弟弟。他最初的封地是在一個叫做召的地方，所以人們稱他為召公。他不僅是燕國的始祖，更是文、武、成、康四朝的元老級人物。周成王的時候，召公和周公一起平定了國內的武康之亂，召公因為立下戰功而被任命為太保，是周朝的「三公」：太師、太傅、太保之一。

　　隨著時光的流逝，到了燕國的第三十六任國君燕文公時，諸侯之間的兼併現象已經十分激烈了，秦國成為當時當之無愧的最強國。秦惠王實施遠交近攻的策略，即吞併秦國周邊的國家，而和距離秦國遙遠的國家交好，他就把自己的女兒嫁給了燕國的太子。

　　西元前三三三年，燕文公去世後，太子即位，為燕易公。燕國為燕文公舉行國喪，整個國家都陷在一片悲痛和混亂中。齊國的國君齊宣王看有機可乘，就率兵攻燕，拿下了燕國的十座城池。燕易公對武安君蘇秦說：「您到燕國來的時候，是先王資助您去見趙王，這才做

出了六國聯合起來抗秦的約定。可現在他齊國先攻打了趙國，接著又打到了我們燕國，您能幫我們收復失地嗎？」蘇秦說：「您放心，我會將燕國的失地討回來的。」

蘇秦來到齊國，見到齊宣王之後，他先拜了兩拜恭賀齊宣王，然後就念起了悼詞。齊宣王很奇怪，問他：「你賀了喜，就念起了悼詞，這是何意？」蘇秦說道：「現在的燕國是很弱小的，但是它也是強秦的翁婿之邦。大王您貪圖燕國十座城池，卻和強秦結下了梁子。如果讓燕國做先鋒、強秦做後盾來攻擊齊國，後果會怎樣呢？」齊宣王看清了其中的利害關係，便將燕國的是十座城池拱手送回，還奉上千金表示歉意。

西元前三二三年，燕易公正式稱王，為燕易王。蘇秦和燕文公的夫人有奸情，害怕被燕易王殺掉，於是他就向燕易王請求去齊國做間諜，藉以擾亂齊國內部。燕易王不知道怎麼回事，而且蘇秦又是討回燕國十座城池的功臣，所以他也沒多想就答應了蘇秦。蘇秦到了齊國以後，馬上得到了齊宣王的重用。

西元前三二一年，稱王僅兩年的燕易王去世，他的兒子姬噲即位，稱燕王噲。他即位後，任用大臣子之作丞相。子之是一個貪戀權勢之人，雖處在一人之下、萬人之上的丞相之位，手握大權，掌握國家大事，但是他還不滿足，渴望擁有更大的權力。

這個時候，蘇秦在齊國敗露，他的陰謀被齊國人識破，他被車裂而死。因蘇秦在燕國的時候曾和子之結為兒女親家，他的弟弟蘇代和子之的關係也很好。蘇秦死後，蘇代得到了齊宣王的重用。

西元前三一八年，子之聯合楚、韓、趙、魏四國去攻打秦國，但是沒有撈到什麼好處。齊國派出蘇代做使者，讓他出使燕國。子之此時已經不再滿足於做丞相了，他將自己的想法告訴了蘇代，讓他幫忙。蘇代答應下來，見到燕王噲的時候，燕王噲問他：「齊宣王到底會不會稱霸？」蘇代回答說：「不會的，他肯定稱不了霸。」燕王噲問他為什麼，蘇代說道：「齊宣王這人疑心重，連自己的大臣都不相信，給他們的權力很小。有很多有賢德的人才得不到重用，他們的才能得不到施展。從這一點看，齊宣王想要成就霸業也難。」燕王噲聽完，認為自己對子之的信任也不夠，便給了子之更大的權力，將國家大事都交到了他的手中。子之感激於蘇代的幫助，給他送去大量的金錢答謝他。

子之控制了朝政之後，就想取代燕王噲，便派自己的親信鹿毛壽去遊說燕王噲。鹿毛壽說：「堯帝被人們稱為賢明的聖帝，是因為他把天下讓給了許由，雖然許由沒有接受，但堯帝仍然有了美名，他也並沒有失去自己的天下。現在，如果您將天下讓給子之，子之也一定不敢要，這樣您不就和堯帝一樣擁有了讓天下的美名了嗎？能夠擁有為人稱道的美德，也不會失去自己的天下，何樂而不為呢？」燕王噲本人也很崇尚禪讓之說，現在聽鹿毛壽這麼說，便同意了這件事。

這時，朝堂之下有大臣說道：「當年，禹將伯益定為自己的繼承人，然而他任用的官吏全都是啟的黨羽。等到禹將帝位傳給伯益的時候，啟就聯合他的黨羽攻打伯益，最終奪取了他的國君之位。所以，天下的人都認為，雖然禹將位置傳給了伯益，但禹只是給了他一個虛位，實際上他是想讓啟取代伯益。現在，大王您要把帝位讓給子之，

但任用的官吏卻都是太子的人，這不就是和當年的禹一樣了嗎，表面上要把位置讓給子之，實際上這天下還是太子的。這樣的話，您也是得不到讓天下的美名的。」糊塗的燕王噲被虛榮之心沖昏了頭腦，竟將朝中重要大臣的璽全部收回，讓子之另外任用。這樣，子之就實實在在地掌握了朝中的大權。

一切準備就緒後，燕王噲在朝堂上說出了要將國家讓給子之的話。他正美滋滋地等著子之拒絕他，沒想到子之反而一口答應了下來。滿朝文武此時都是子之的人，當然也沒有人出來反對他。燕王噲搬起石頭砸了自己的腳，只得退位，眼睜睜看著子之登上了一國之君的寶座。

子之篡權的行為引起了燕國人民的不滿，太子和將軍市被謀劃著反叛，要起兵攻打子之。齊國的大臣們也都在勸齊宣王，說：「這可是個攻打燕國的好機會。」齊宣王便派人告訴燕國的太子平：「聽說太子您想要維護正義，想要廢私立公，維護君臣之間的倫理，明確父子的地位。需要幫助的話儘管開口，我們齊國願意提供幫助。」

西元前三一四年，這是子之執政的第三年，太子平召集了同黨，和市被一起包圍了王宮，開始攻打子之。子之的防守相當嚴密，激戰持續了兩個月都沒有拿下來。子之派人去離間太子平和市被，市被產生了動搖，反過來攻打太子平，結果戰敗被殺。太子平將市被的屍體陳列在鬧市街頭，讓人們圍觀，燕國一時間陷入了動盪不安的局面之中，百姓和軍隊的傷亡巨大，社會上人心惶惶，無人安心生產耕種，為官者人人恐懼不安。這一亂就是好幾月。

齊宣王在這時派出匡章將軍率兵攻燕。燕國的軍隊早就疲憊不堪，無心戀戰，齊軍輕易就拿下了燕國。燕王噲死於戰亂之中，身為一國之君卻將位置讓給了子之，所以他身後連諡號也沒有。而子之也沒有好下場，他在逃往的途中被齊軍砍殺。

昭王納賢

　　燕王噲讓位給丞相子之，造成了燕國的大亂，他自己也在戰亂中死去。齊國借著幫助燕國平定內亂的名義，幾乎將燕國滅掉。後來燕國的人民擁護太子平做了新的國君，君民上下一心奮起反抗，這才把齊軍趕出了燕國。

　　西元前三一二年，趙武靈王將燕王噲的庶子姬職從韓國送回了燕國。姬職得到燕國易太后的支持，易太后即是秦惠王的女兒，所以就等於姬職也得到了秦國的支持。第二年，秦國和魏國聯軍進攻燕國，將太子平殺害，姬職就繼承了王位，為燕昭王。從此，秦國和燕國結成了聯盟。

　　這場動亂讓燕國元氣大傷，燕昭王即位後便立志要讓燕國強大起來。他開始物色能夠治國的能人，可是一直找不到讓他滿意的人。有人告訴他說老臣郭隗是一位很有見地的人，不妨去找他商量此事。

　　燕昭王親自登門拜訪，他恭敬地對郭隗說道：「我們的國家危在旦夕之際，齊國還要雪上加霜侵略我們，這恥辱我是不會忘記的。但是現在燕國的勢力太過弱小，還不是報仇的時候，我需要賢人來助我一臂之力，幫我報仇雪恨，為此我願意躬身服侍於他。您能不能幫助我推薦這樣的人才呢？」

郭隗想了想，捋著自己花白的鬍子說道：「請大王您允許我先說個故事吧。古時候，有個國家的君王十分喜愛千里馬，他派人到處搜尋，一直找了三年都沒有找到一匹真正的千里馬。有一位臣子打聽到距離他們國家很遠的地方有一匹千里馬，就對國君說，給他一千兩金子，他一定將千里馬買回來。國君很高興，給了他一千兩金子讓他去買馬。這個臣子到了那個地方以後，發現馬已經生病死了，於是他就出了五百兩金子將千里馬的屍首買了回來。國君看到這種結果大發雷霆，怒斥他：『我讓你買的是千里馬，你給我買回來一副沒用的骨頭，你這可是犯下了欺君之罪！』臣子跪在地上，不慌不忙地解釋說：『大王您別生氣，您想啊，如果大家知道您肯花錢買一副千里馬的屍首，那還怕沒有人將活馬送來嗎？』國君半信半疑，卻也沒有再責備臣子，只是靜觀其變。果然沒過多久，大家聽說了這個消息，認為國君是真的很愛惜千里馬的人，於是從四面八方送來了很多好馬，其中不乏國君一心想要得到的千里馬。」

　　郭隗說完，笑著說道：「大王您求賢若渴，老夫願當一回千里馬的屍骨，來為大王一試。如果天下的人看到您對我這樣一個糟老頭都如此尊敬，那麼他們就會認定您對那些賢德之人一定不會虧待。這樣用不了多久，國內外的人才就都會向我們這裡聚集了。」

　　燕昭王聽了這番話大受啟發，回去就修建了一座華麗的宮殿，並選擇了一個黃道吉日舉行了隆重的儀式，將郭隗請到了這座宮殿中居住。從此，燕昭王還每天恭恭敬敬地前去探望他。燕昭王還在沂水岸邊修建了一座高臺，用來招募天下名士，臺上放置了千兩黃金用來作為他們的進見禮。

燕昭王愛惜人才、重用人才的名聲不久便傳開了。各個國家的賢明人才紛紛趕來燕國求見，比如：趙國的武將劇辛，齊國的謀士鄒衍，衛國的屈庸，魏國的樂毅……，在這些人中，最出名的就是魏國的軍事家樂毅。

樂毅的先祖樂羊是魏文侯手下的大將，他因為在攻佔中山國的戰爭中立功而被封在靈壽，從此樂氏的子孫就在這裡世代定居。在中山國復國後，他們被趙武靈王所滅，樂毅也就成了趙國人。樂毅年少時聰明好學，喜歡研究兵法，深得趙國人的推崇。趙武靈王的時候，他為了趨避沙丘政變而去魏國當了大夫。後來，樂毅出使燕國的時候被燕昭王的誠意所打動，便在燕國委身為臣，被燕昭王封為亞卿。

樂毅協助燕昭王改革燕國內政，整頓朝廷，並訓練軍隊和兵馬。針對燕國法制崩壞、官吏營私的局面，樂毅協助燕昭王重新制定了法律，加強了對管理的審查和考核制度；針對有大量人才投奔燕國的局面，樂毅確立了察能而授官的用人原則；針對社會上那些安分守己的順民，包括身份低下的貧苦農民和奴隸，樂毅建議對這些人進行獎勵，以安定社會秩序。在軍事方面，樂毅注重訓練士兵的戰法和紀律，大大提高了燕國軍隊的戰鬥力。

除此之外，燕昭王在撫恤民心上下了很大工夫。對於一些喪葬的人家，他會去慰問；對於一些生育了嬰兒的夫婦，他會派人前去賀喜。燕昭王和人民同甘共苦的行為取得了人們對他極大的信任，也更加擁護他的統治。

在樂毅等人的輔助下，燕昭王辛苦地奮鬥了二十八年。燕國日益

富強起來，軍隊實力大增，民風奮發向上，全國上下同仇敵愾，舉兵伐齊的條件也一天天成熟起來。況且，當燕昭王在燕國勵精圖治的同時，齊國的國君齊愍王卻肆意擾民，橫征賦斂，連年征戰不休，齊國的人民苦不堪言，各個諸侯也不滿齊國。燕昭王認為時機已經成熟，便準備舉兵伐齊。

西元前二八四年，燕昭王任命樂毅為將軍，聯合趙、韓、魏、秦、楚五個國家的諸侯共同討伐齊愍王。在濟水西邊大敗齊國軍隊後，各個諸侯的軍隊相繼撤退。燕國的軍隊在樂毅的指揮下對齊軍窮追不捨，一直追到了齊國的都城臨淄，並順利拿下臨淄。燕昭王大喜，親自到濟岸上慰問軍隊，並用酒肉犒賞將士，把昌國封給了樂毅，封他為昌國君。

西元前二七九年，燕昭王因病去世。他招賢納士、廣納賢才的舉動讓燕國發展到了鼎盛，他自己也躋身於戰國七雄的行列之中。

管蔡世家

管叔鮮和蔡叔度

周文王的正妻太姒一共給文王生了十個兒子：長子伯邑考，以下依次是武王姬發、管叔姬鮮、周公姬旦、蔡叔姬度、曹叔姬振鐸、成叔姬武、霍叔姬處、康叔姬封，最小的是姬載。伯邑考死得早，次子姬發和四子姬旦品德高尚，才能出眾，是輔助文王的左膀右臂，所以文王立次子姬發為太子，讓四子姬旦輔助朝政。周文王死後，太子姬發即位，這就是周武王。武王勵精圖治，剿滅了商朝的暴君紂王。滅商後，他遵照「奪其權，不絕其祀，移其民，不改其都」的古訓，把商朝的遺民封給商紂王帝辛的兒子武庚祿父，建立起了邶國。

平定天下以後，武王大封功臣和兄弟。他把魯地分封給四弟姬旦，同時讓姬旦做周王朝的國相，所以人們稱姬旦為周公；他又把管地分封給三弟姬鮮，把蔡地分封給五弟姬度，並讓他們做紂王的兒子武庚祿父的國相，一起治理殷族遺民，所以人們稱姬鮮和姬度分別為管叔鮮和蔡叔度。現在河南省鄭州市有一個轄區叫做管城區的，就是管叔鮮建立的管國的國都；現在河南省駐馬店市的上蔡縣就是蔡叔度建立的蔡國的國都。管國和蔡國作為周王朝的諸侯國，地理位置非常重要。

管叔鮮和蔡叔度都是身兼王官與地方官雙重身份的諸侯，一方

面，他們是受周武王之命控制諸侯國的國君，周武王認為把自己的弟弟分封到這裡，一定能夠幫自己鎮守好這個地方。另一方面，他們也是周武王任命的武庚祿父的國相，是周王朝的重臣，代表周武王監管邶國。周武王這樣安排的目的是想實現周王朝對地方的有效管理，中央與地方力量的互相滲透正是周代政治統治的重要特點之一。管叔鮮作為「三監」之首，在實際上還是周初第一位被授予方伯地位的重要諸侯。

周武王讓管叔鮮監督武庚祿父，武庚祿父雖被封在邶國，但他不得居住在邶國，不得親自治理邶國的百姓，只能享受邶國的供奉。管叔鮮命令武庚祿父到管都東郊築城居住，朝夕監視著他。他所築之城名叫依城，武庚祿父死後就地埋葬在這裡，所以當地百姓都稱此城為太子城、庚王城。

周武王在進行了這樣的安排之後，就放心地帶兵返回了鎬京（今西安市西南）。誰知第二年周武王就病死了，他的兒子姬誦就位，這就是周成王。成王年幼，只有十三歲，無法料理朝政，周朝又剛剛平定天下，於是周公姬旦便依照周武王的遺命，暫時代理朝政，掌握了國家大權，史稱「周公攝政」。

周公攝政引起了管叔鮮和蔡叔度的強烈不滿。按照兄弟排行，管叔姬鮮是老三，周公姬旦是老四，管叔鮮是兄長，周公旦是弟弟，不論是即位還是攝政，管叔鮮都比周公旦有優先權，所以管叔鮮不服。蔡叔度和管叔鮮關係要好，他是支持管叔鮮的。武庚祿父見此情景，認為有機可乘，就對管叔鮮和蔡叔度說：「周公的行為不利於成王，

他這是想要取代成王。」管叔鮮和蔡叔度開始只是對周公姬旦攝政不滿，他們對父親周文王和哥哥周武王還是很尊敬的，對於周成王繼位也沒什麼意見，有意見的只是他們認為攝政的應該是管叔鮮而不是周公姬旦。現在他們聽武庚祿父這麼一說，認為很有道理，便開始堅決地反對周公姬旦攝政，說周公姬旦的攝政是懷有私心的篡權行為，並且製造流言說：「周公想要陰謀篡奪周王朝的政權，他將會做出對於成王不利的舉動。」很快，這樣的流言飛語就散佈開了。

周公姬旦聽到了這些誹謗和議論，就向朝中的老臣太公望和其它幾個弟弟解釋了自己攝政的前因後果，說自己只是為了不辜負武王的囑託，為了等待幼小的成王長大成人才攝行政事。他表明自己是沒有任何私心的，等到周成王長大了有能力治理國家的時候，他自然會將大權交給成王。周公的做法得到了朝中大臣和王族弟弟的支持，他自己也更加勤勉地處理著朝政。

管叔鮮和蔡叔度本來以為這些流言飛語散開以後，周公為了避嫌，可能會把朝政交給管叔鮮來管理。現在一看，周公沒有一點要下臺的意思，就乾脆聯合武庚祿父以及東部地區的其它諸侯發動了叛亂。後來老八霍叔姬處也被脅迫參加了進來，其它的一些諸侯國家也趁機起兵反叛朝庭，這就是歷史上著名的「三監之亂」。

周公姬旦臨危不亂，按成王旨意征伐叛軍，親自帶領周兵東征，經過了三年的艱苦戰爭，終於取得了徹底的勝利。戰爭後，武庚祿父被殺，管叔姬鮮、蔡叔姬度和霍叔姬處都成了俘虜。管叔姬鮮是叛亂的首領，所以周公姬旦處死了他，管叔鮮沒有留下兒子，所以管國也

被取消了；接著，周公姬旦把蔡叔姬度一家流放到邊關，流放時只給了他們十乘車和七十人的刑徒作為隨從；隨後，他又把霍叔姬處貶為普通的百姓。周公姬旦通過這場戰爭鞏固了周王朝的統治，使得周朝初年的經濟迅速繁榮起來。

戰爭結束之後，周公姬旦將原來由管叔姬鮮、蔡叔姬度和武庚祿父管轄的商朝遺民一分為二，其中的一部分封給了商紂王的另一個兒子，武庚祿父異母的哥哥微子啟，封地在商丘，國號為宋，讓他接續殷人的香火；另一部分封給了成王的九叔，也就是自己的九弟康叔姬封，封地在商朝的故墟，國號為衛，康叔姬封做了衛國國君，就是衛康叔。

蔡叔姬度在流放邊關的路上就死了，他的兒子姬胡與他的父親不同，是個善良仁德的人。周公姬旦瞭解到這個情況後，就把姬胡分封到了蔡國，讓他祭祀蔡氏的香火；又把冉地分封給自己最小的弟弟姬載，就是冉季載。後來，成王長大成人，周公姬旦就把政權還給了成王。衛康叔和冉季載品行美善，把封國治理得很好，因此周公姬旦舉衛康叔為司寇，冉季載做司空，二人輔佐成王治理國家，美名傳於天下。

陳杞世家

徵舒雪恥

　　周武王建立周朝後，便分封諸侯各國。他找到舜的後代媯滿，把他封在陳地，用來供奉帝舜的祭祀，這就是陳胡公，陳國便成為周代諸侯國之一。陳國南面與和楚國相連，背面和魯國、齊國接壤，地理位置十分重要。然而，陳國的國君大多荒淫無道，導致陳國國小力弱，加上後來眾多大國興起，陳國開始面臨內憂外患的局面。

　　西元前六一四年，楚國的楚莊王即位，他一直想吞併陳國，便時刻準備著對陳國用兵。這一年，陳國第十九任國君陳靈公也即位了，可面對著虎視眈眈的楚國，他居然毫無作為。陳靈公執掌國政後，日日花天酒地，在私生活上很不檢點，後宮佳麗三千、嬪妃成群都滿足不了他；他還經常便裝外出，到民間去尋花問柳。至於陳國政治混亂不堪、百姓貧苦辛勞，全然沒有被他看在眼裡。

　　陳國有個叫做御叔的大夫，他是陳國第十六任國君陳宣公的孫子，人們都叫他公孫御叔。他在娶了鄭國國君鄭穆公的女兒夏姬後不久就去世了，留下一個小兒子徵舒。

　　徵舒的母親夏姬是個水性楊花的女人，御叔死後，寂寞的夏姬難掩自己放蕩的本性，到處招蜂引蝶。夏姬雖然已為人母，但仍有幾分

姿色，很快她就迷倒了陳靈公，陳靈公隔三差五就要到夏姬家裡去一趟。夏姬還和陳國的大夫孔寧、儀行父都相好，這兩個人也經常出入夏姬的家。陳靈公有時候會和他們撞到一起，君臣在這種情形之下相遇，他們卻也不覺得尷尬，反而與夏姬一起淫樂。時間久了，君臣三人習以為常，在公開場合也不知避諱，甚至還拿同淫夏姬的事情取樂。

有一次，他們偷偷藏起了夏姬的內衣，搞得夏姬很是難堪。可他們三人卻十分開心，回到了朝堂之上還大講此事。大夫泄治看到他們這副不成體統的樣子，便進諫道：「大王您不以國事為重，和大臣一起淫樂，這不僅有損大王您的名聲，也會對百姓帶來錯誤的引導，敗壞民風。大王您還是收斂一些吧。」泄治是陳國朝廷中敢於直言勸諫的臣子，在大臣中聲望極高，陳靈公不便拒絕他的勸諫，只好說道：「朕知道錯了，以後改正就是。」

陳靈公將泄治的話告訴了孔寧和儀行父，這兩人頓時惱羞成怒：「泄治這個傢伙也太不知好歹了，都管到國君的頭上來了，這分明是不把大王您放在眼裡，您豈能放過他？」陳靈公沉默不語，二人又說道：「泄治既然知道了大王的私事，說不定會暗地裡造謠生事，破壞大王您的威望，不如我們乾脆除掉他算了。」陳靈公沒有反對，這兩個人於是借著陳靈公的名義將泄治抓起來殺害了。泄治死後，陳靈公三人同夏姬更加肆無忌憚地混在一起，做盡了淫亂不堪之事。

西元前五九九年，這三個人又一同前往夏姬的家裡飲酒作樂，夏姬像往常一樣接待他們。這天，夏姬的兒子徵舒在家裡，這三人也不

避諱，說話做事依舊十分放肆。徵舒早已長大成人，關於他母親的事情自然也早有耳聞，只是他畏懼國君的權威，只能在心裡默默地生氣和忍耐。徵舒本來想出去，躲過這幾個人，可陳靈公卻叫住了他，讓徵舒陪著他們飲酒。徵舒滿心憤怒之氣，又不能發洩，坐在宴席上也不知道自己的心裡該是什麼滋味。席間，陳靈公笑著對儀行父說：「我看徵舒這孩子啊，長得可真像你。」儀行父也哈哈笑著說：「徵舒像誰，大王您心裡是最清楚的，就不要遮遮掩掩了。」陳靈公聽完撫掌大笑，儀行父和孔寧也笑得前仰後合，眼睛不斷瞟向徵舒。徵舒再也坐不住了，便退了出去。

徵舒覺得自己受到了極大的侮辱，他決心不再忍耐了，他要殺死這個昏君。他帶領了數十個人，拿上弓箭，埋伏在馬廄的門口。看到陳靈公喝夠了酒，醉醺醺地走出來的時候，徵舒抬箭一陣亂射。陳靈公當即被射死，儀行父和孔寧僥倖逃脫。但是他們再也不敢留在陳國，而是逃到了楚國；陳國的太子害怕自己遭到連累，也逃往晉國去了。徵舒給自己出了口氣，也算是雪洗了這麼多年來自己蒙受的恥辱，於是自立為陳侯。

在一邊虎視眈眈的楚莊王聽說了陳國發生的內亂，認為這是個對陳出兵的好機會。於是，他便以徵舒殺死陳靈公為理由率領各國諸侯討伐陳國。楚莊王對陳國的百姓說：「夏徵舒殺死你們的國君後自立為侯，他是國家的奸臣。你們不用驚慌，我們只是來討伐夏徵舒，為你們剷除這些奸佞之臣，不會驚擾到你們的生活的。」陳國本來國力就很微弱，在陳靈公荒淫無道的統治下國力更是微小，現在還剛剛經歷了內亂，當然無法抵擋楚國的入侵。很快，楚國的軍隊就佔領了陳國，並殺死了夏徵舒。

隨後，楚莊王將陳國作為楚國的一個縣城納入楚國的版圖中，滿朝文武都向楚莊王道賀，楚莊王也十分得意。此時，出使齊國的楚國大夫申叔從齊國返回，他知道了這件事情以後，非但不向楚莊王道喜，反而滿臉憂慮之色。楚莊王奇怪地問他為什麼，申叔回答道：「如果一戶人家的牛踩到了別人家的田地，這是牛主人的不對；但是如果被踩到田地的農夫就要因此牽走這頭牛，那麼這個農夫就太過分了。現在，大王您因為夏徵舒殺了自己的國君，從而認為他是個叛賊臣子而召集諸侯前去討伐他，這是大義所在。然而，當您剷除了這個亂臣以後，卻又貪戀陳國的國土，把陳國的土地據有己有，那麼，以後您靠什麼來號令天下呢？所以，我認為這件事情並沒有什麼值得慶賀的。」楚莊王聽了這番話，覺得很有道理，便派人從晉國將陳國的太男子午接回來，將他立為陳國的國君，將陳國還給了他。

　　後來，孔子在閱讀史書時看到這件事情，感歎道：「楚莊王真是個通情達理的國君，因為大臣的勸告，就放棄一個已經落入他囊中的國家，還能幫助這個國家恢復以前的統治，這是很難得的呀。」這對楚莊王來說，已經是很高的評價了。

衛康叔世家

康叔封衛，州吁亂國

　　周文王的第九個兒子姬封，是周武王同母異父的弟弟。周武王時，將中原地區的康地（今河南禹州市西北）作為他的封地，所以他被稱為康叔。周武王滅了商紂王后，將商朝的遺民封給紂王的兒子武庚祿父，讓他與諸侯同位，也能侍奉自己的祖先，世代相傳。但是，此時武庚還沒有完全臣服於周朝的統治，周武王擔心他會反叛，便讓自己的三弟管叔姬鮮、五弟蔡叔姬度留在他身邊輔佐他，同時也能監視他。

　　西元前一〇四三年，周武王駕崩後，他的兒子姬誦即位，就是周成王。西元前一〇四一年，管叔姬鮮、蔡叔姬度勾結武庚發動三監之亂，康叔最先得到了叛亂的消息，他一面派人快馬加鞭前去都城鎬京向周成王報告消息，一面調動自己的兵馬，阻止叛軍前進。

　　西元前一〇三九年，周公奉周成王之命率軍平定叛亂，康叔也參與了這次行動。叛軍很快兵敗被俘，武庚最後被殺，管叔姬鮮被處死，蔡叔姬度被流放。周公便將原本由武庚統治的地盤劃分為衛國，將在這次平叛中立了大功的康叔封為衛國國君，將商朝的舊址朝歌作為衛國的國都。衛國的國土面積達到了方圓四五百里，疆域遼闊，人口眾多，在周朝的諸侯國中算是一個大國，也是周朝在東方的主要屏障。康叔被封在衛國之後，人們便稱他為衛康叔。

這時的康叔還很年輕，周公害怕他年紀輕輕擔當不起治理商朝遺民的重任，於是特地將群臣召集起來，為他舉行了一場授土授民儀式。周公還製作了《康誥》、《酒誥》和《梓材》等文告，讓他作為治理國家的法則。上任前，周公對他千叮嚀萬囑咐，告誡他到了朝歌以後一定要明德治，寬刑罰，要愛民如子，尤其要將商朝的遺民妥善安置好；還告誡他身為國君要勤於政務，多多找尋當地的賢者和君子，向他們學習商朝滅亡的道理，然後將從中悟出的道理用在自己的政事中；他還勸告康叔，酒色財氣是商朝走向衰弱的開端，一定不要沉迷於玩樂和酒色之中。

康叔牢記這周公的教誨，到了衛國以後馬上尋找當地的賢明長者，並親自登門拜訪，詢問他們治國安民之法。他沒有辜負周公的重託，對於商朝的遺民，他妥善地安置了他們，並時時關心詢問他們的生活，從不虐待和歧視他們，這在很大程度上維護了當地的穩定。康叔兢兢業業，勤勞政事的同時還深入民間，體察當地民情，衛國人民都十分愛戴他。康叔還很重視對人才的選拔，他聽從賢人的勸告，採納合理的建議，推進了衛國經濟的發展。衛國很快出現了社會穩定、經濟繁榮發展、人民安居樂業的局面。

西元一○三七年，周公攝政已經七年，周成王也長大了，周公便把政權還給了周成王。康叔將衛國治理得井井有條，政績卓越，所以周成王將其提拔為西周的司寇一職，讓他掌管刑獄、訴訟和監察這方面的事務，衛國的事務則交給他的兒子姬懋代為處理。康叔在任期間剛正不阿，秉公執法，維護了周王朝政權的統治穩定。為了表彰康叔的功德，周成王賜給他許多名貴的東西，玉帛、寶物、車子、大鐘以及祭祀用的祭器等，還允許他使用只有天子才能使用的顏色。

西元前七五七年，衛國第十二代君主姬楊即位，為衛莊公。衛莊公後來娶了齊莊公的女兒莊姜為妻，莊姜人長得很漂亮，是個溫柔賢慧的女子，只是沒有生育；衛莊公還娶了陳國的厲媯和戴媯兩姐妹。厲媯生了個兒子，但是不久後夭折了；戴媯生了姬完和姬晉兩個兒子，只是還沒等這兩個孩子長大，戴媯就死了。衛莊公就把這兩個孩子交給莊姜撫養，莊姜對待這兩個孩子像對待自己的親生骨肉一樣好。另外，衛莊公的一個姬妾也為他生下了一個孩子，就是公子州吁。

西元前七四〇年，衛莊公的這些孩子們都長大成人了。公子州吁自幼喜歡研究行軍作戰的方法，自己也練就了一身好武藝，身強體壯的，衛莊公很寵愛他，想讓他做將軍。大臣石碏反對衛莊公這種的做法，說最要緊的事情是先立下太子，公子州吁需要好好管教，不然會發生禍患。衛莊公匆匆地將姬完立為太子，卻繼續寵愛著州吁，還是讓他當了將軍。

西元前七三五年，衛莊公去世後，太子姬完即位，為衛桓公。州吁仗著衛莊公對自己的喜愛，根本就不把為桓公放在眼裡，而為桓公對他放肆的行為再也無法忍受，乾脆撤去了他的將軍職位，州吁只好逃亡在外。此時，鄭國國君的弟弟公子段想要刺殺自己的哥哥然後自立為王，沒有成功，他也逃亡在外。這兩個人碰到了一起，同病相憐之下，結成了好朋友。

西元前七一九年，州吁石碏的兒子石厚將從衛國逃走的流民們都聚集起來，煽動他們殺死了衛桓公。州吁自立為衛國的新任國君，然

後他為了幫助自己的患難之交公子段，準備發兵攻打鄭國。州吁殺害衛桓公自立為王的行為本來就讓人們不滿，現在又大興不義之師，衛國的人民對他滿心怨恨。於是，衛國的大臣石碏設計將州吁連同自己的兒子石厚一起殺死，這就是千百年來我們所說的「大義滅親」的來源。

石碏解決了州吁之亂之後，帶人去邢國將公子姬晉接回了衛國即位，這就是衛國的第十代國君衛宣公。

惠公與懿公

　　西元前七一九年，衛宣公姬晉即位。他是一個貪戀美色、淫縱不檢之人。一開始，衛宣公很寵幸他的夫人夷姜，便將她所生的兒子公子伋立為太子，命自己的弟弟右公子職為他的師傅。太子伋長大後，衛宣公又替他聘了齊僖公的女兒宣姜做他的太子妃。還沒有迎娶，衛宣公聽說宣姜貌美如花，姿色動人，就動了歪念頭。衛宣公建造了一座豪華的宮室，叫做新臺，直接將宣姜迎到了這裡。見宣姜果然如傳聞中一般美麗，便將她納為自己的妃子。宣姜後來為他生了兩個兒子：大兒子壽和小兒子朔。衛宣公將他們囑託給自己的另一個弟弟左公子泄。

　　公子伋和公子壽雖然是同父異母的兄弟，但他們兩個都是善良溫和的人，所以他們兩個關係很好。而公子壽和公子朔雖然同為宣姜所生，但是公子朔天性陰險毒辣，仗著母親得寵，自己在私下裡養了一批殺手。只不過公子朔認為，雖然公子伋是太子，但是如果他現在想辦法將公子伋趕下臺，便宜的是自己的哥哥公子壽。所以，他不但憎恨著公子伋，連自己的親生哥哥也一併憎恨著。

　　公子朔心懷奪位之念，天天在宣姜耳邊數落公子伋的不是，再加上宣姜也想讓自己的兒子做太子，便對公子伋反感起來。宣姜和公子

朔又一起向衛宣公說公子伋的壞話，挑撥他們父子之間的關係。衛宣公寵愛宣姜，便不再像往日一樣疼愛公子伋，反而十分厭惡他，心想在自己去世之後一定要將衛國傳給壽或者朔。

衛宣公想要殺掉伋，但是他找不到罪名來動手。恰好此時齊國約衛國出兵討伐紀國，衛宣公和公子朔商量之後，決定利用這次機會除掉他。衛宣公命令伋出使齊國，前去約定他們出師的日期。使者出行的時候手裡是要拿著掛有白旄的符杖的，衛宣公讓朔派他的殺手假裝成盜賊，在通往齊國的必經小路上等待，伺機下手，只要是手執白旄的使者通通殺掉，以混淆視聽，掩人耳目。

公子壽聽說了這個消息，急忙前來告訴伋，說：「你這次不要去齊國了，先去其它國家避一避風頭，將來再作打算吧。」伋卻說道：「我是父王的兒子，就要以聽從他的命令為孝，違背父王的命令就是不孝，我怎麼可以做一個不孝子呢？」他毅然領命，決意前往。

公子壽看到這副景象，心裡很感動，也更加欽佩自己的哥哥。他想：「哥哥是個忠厚的君子，我不能讓他就這麼死了。不如我代他而去，替他一死。這樣，我的哥哥可以生還，做一個勤政愛民的君主；我的父親也可以醒悟，知道自己犯下了怎樣的大錯。雖然我會死去，但是忠孝兩全，沒什麼遺憾的了。」於是，他帶著珍饈佳餚來到哥哥的船中，對他說：「今天可能是我們兄弟永別的日子，我們來喝個痛快吧！」公子伋也悲從中來，二人便相互推勸著喝起酒來。公子伋醉酒後倒頭大睡，公子壽說：「父王的命令是不能有延遲的，哥哥醉了，那麼就讓我代替他去吧。」他拿著代表伋使者身份的白旄，將一封書信交給伋的隨從，交代他們等伋酒醒了交給他。

公子壽命令開船，到了有殺手埋伏的路上，壽被那些殺手殺死，他們割下了壽的頭顱，乘著船隻返回。公子伋酒醒後看到壽不在，就決定出發去齊國，隨從將信奉上，伋打開一看上面只有八個字：「弟已代行，兄宜速避。」伋頓時淚如雨下，說道：「我怎麼忍心讓自己的弟弟為我去死？」於是開船追趕。遠遠看到了壽的船和船上的一群殺手，只是不見壽，伋情急之下衝他們大喊道：「我才是是伋，你們放了壽，我才是你們要殺的人！」殺手們知道殺錯了人，便將伋也殺死，斬下了他的首級。

殺手見到公子朔以後，馬上跪下認罪，說自己誤殺了人。這下朔高興了，沒想到一箭雙雕，這一去解決了自己心裡的兩個隱患。衛宣公雖然討厭公子伋，但是他很喜歡公子壽的，現在兩個孩子都被害了，他一下子生了重病，睜眼閉眼都能看到公子伋和壽站在他面前哭著說讓他為他們報仇。不到半個月，衛宣公不治身亡。

西元前六九九年，年僅十五歲的公子朔如願以償地登上了國君的寶座，為衛惠公。伋的老師右公子職和壽的老師左公子泄在這兩位公子死了之後也被罷官，只是他們怨恨朔害死了兩位公子，時時惦記著要為這兩位公子報仇。而朔同父異母的哥哥公子碩不服他，連夜逃到了齊國。

西元六九六年，衛惠公起兵討伐鄭國，左、右公子暗中召集了伋和壽原來的舊部，將公子伋的弟弟姬留立為衛國的國君，史稱　君衛黔牟。然後，他們宣讀了公子朔陷害他的兩個兄弟，間接導致他的父親鬱憤而死的罪行，將伋和壽重新發喪。隨後，將軍寧跪帶兵阻斷了

衛惠公的退路，衛惠公只得逃往齊國。齊國的國君齊襄公害怕衛國人對宣姜不利，讓公孫無知遣送公子碩返回衛國，並在私下裡叮囑公孫無知，將公子碩婚配給宣姜。

姬留在位的八年，國內一派平和，世無兵戈。西元前六八八年，齊襄公借「匡扶正統」的名義伐衛，將姬留抓獲，交給了周王室為囚，並誅殺了左、右公子，扶持著衛惠公復位。

衛惠公去世後，他的兒子姬赤即位，為衛懿公。衛懿公喜歡養鶴，簡直可以說他癡迷於養鶴，不論是苑囿還是宮庭，到處都有昂首挺胸的白鶴邁著步子走來走去。很多人為了阿諛奉承，紛紛進獻仙鶴，以求賞賜。衛懿公還把仙鶴們像編排軍隊一樣編隊起名，讓專人負責訓練它們的鳴叫和舞蹈。他甚至給鶴封官爵，供給俸祿，養鶴的人也加官進爵。每逢衛懿公外出，他都會帶上這群招搖的鶴，有的鶴還配有豪華的馬車。為了養這些鶴，每年都要花費很多錢財，為此朝廷經常要向老百姓加收糧款，百姓們對衛懿公不理國事、沉迷養鶴的行為怨聲載道。

西元前六六○年，北狄聚集了兩萬騎兵一路向朝歌逼近。衛懿公領著一群鶴正準備出遊，聽到敵軍侵犯的消息後大驚失色，急忙四處招兵準備抵禦。老百姓們對衛懿公心存怨恨，全都躲起來不肯充軍。大臣們說道：「大王您用一件東西就可以抵禦敵軍了。」衛懿公急忙問道：「什麼東西？」大臣們回答道：「鶴。」衛懿公生氣地說：「都這個時候了還開玩笑，鶴怎麼會打仗！」大臣們說道：「鶴不能打仗，不能抵禦敵軍，那麼大王您為什麼給它們加封供祿，卻從不顧及

百姓的死活呢？」衛懿公這才醒悟，只是為時已晚。不久，北狄的軍隊攻佔了衛都，將衛懿公殺死。衛國人痛恨衛惠公和衛懿公父子二人，便將他們的後人全都殺死，另立了公子碩和宣姜的兒子為衛國的國君。

宋微子世家

微子的逃亡

　　宋微子，姓子，名啟。他是商王帝乙的庶長子，也是殷商最後一個帝王商紂同父異母的哥哥。最初他被封於微地（今山東省梁山縣一帶），人們因此稱他為微子啟。他是周代宋國的始祖，死後葬於現在的微山島西北部的一座山頭之上，此山因此被稱為微山。

　　商紂王在即位做了國君以後，整天沉迷在酒色之中，極盡荒淫無度之事。他無心朝政，又喜歡濫用酷刑，自己發明很多殘酷的刑罰用在他的子民身上。在他暴虐的統治之下，百姓們就像是生活在水深火熱之中。賢德的微子多次進諫，勸誡商紂王要勤於政事，體恤人民，做一個賢明的君主。可紂王根本就聽不進去，把他的勸告當作耳旁風，依然我行我素地過著頹靡的生活。大臣祖伊看到西伯侯姬昌在他的封地內推行仁政，之後很快就強大了起來，還兼併了周邊的幾個小國。他覺得商紂王再這樣下去，商朝的江山必然會被周國代替，就把自己的憂慮告訴了商紂。誰想到，商紂不僅沒有絲毫警惕，還狂妄地說：「我生下來就是做國君的命，小小的西伯侯能把我怎麼樣？」

　　看到這樣的情況，微子覺得商紂王到死也不會聽從忠臣良相的勸告，商朝的江山勢必會斷送在紂王的手裡。他想，自己是作為一個忠臣以死報國呢，還是為了保全性命離開紂王？如果他一死了之，商紂

會不會從自己的以死相諫中醒悟？如果自己的死能換來商紂的醒悟，那麼自己的死也是值得的。可是現在看來，商紂是不會醒悟的，那麼自己的死就是毫無意義的。那麼，他就只有離開商紂，一走了之了。可是他走了又能去哪裡呢？走了自己就不會再憂慮商朝的安危了嗎？微子一時拿不定主意，覺得很迷惘。

微子自己拿不定主意，便去找了太師和少師。他說道：「現在商朝的政治已經開始變得混沌不堪，即使是朝廷也不能將國家治理得很好。我們的祖先貢獻了他們的畢生精力才打下來的江山社稷，眼看就要敗壞。可是紂王卻一味地荒淫無度，沉迷於美色和酒宴之中，將祖先的德政快敗壞完了。百姓們有很多都被逼做了強盜，甚至做了犯上作亂的事情。大臣們也相互效仿，做著違法亂紀的事情，這樣每個人都有罪，也就不會影響到他們的俸祿。朝廷亂成了這樣，百姓們也起於四方，互相當做仇敵對待，天下失去了和諧的局面。現在，商朝失去了國典，就像乘著船隻找不到渡口一樣。商朝滅亡的日子，我看不會太遠了啊！太師，少師，我應該何去何從呢？我們商朝還有希望繼續延續下去嗎？你們如果不指點我，我就會陷入不仁不義的境地啊，我到底該怎麼辦呢？」

太師回答微子說：「王子啊，這是上天降下來的災禍，是要讓我們商朝滅亡的啊！人力是改變不了的，如果您有能力改變這一切，那麼即使是死也是值得的。但是，如果無法改變，那就離開這個是非之地，遠走它鄉吧。」微子聽從了太師的建議，準備離開殷都。

大臣比干是紂王的親叔叔，他對商紂倒行逆施的行為也很不滿，

擔心商朝的基業會毀在他的手裡。他感慨地說道:「如果君王犯有過失,那麼作為臣子就應該拼了自己的性命去勸誡他,要不然,最終遭殃的還是老百姓。」於是,他進宮向商紂直言進諫。商紂一聽又是這番話,不由勃然大怒,對比干說:「你不是聖人嗎?我聽說聖人的心上面有七個孔,今天我倒要看一看,你的心上是不是有這麼多孔。」說完,便吩咐手下的士兵將比干殺死,然後剖開了他的胸膛挖出心臟來看。

微子聽到比干被殺的消息,說道:「父親和兒子之間有著骨肉相連的親情,君主和臣子之間是憑著道義才結合在一起的。所以,父親如果犯下過錯的話,兒子就必須好好勸說他,如果兒子反覆多次勸說父親還是不聽,那麼兒子就只有放聲悲哭。君主如果有了過失,作臣子的當然也應該直言進諫,如果作臣子的屢次規勸君主還是不聽,那麼從道義上講,臣子已經盡到了自己作為臣子的道義,對於這樣的君子,臣子也只有遠離了。」於是,微子便離開了殷都。

微子離開殷都沒過多久,西伯侯姬昌就去世了,他的兒子姬發即位,為周武王,並將自己的父親尊稱為周文王。周武王在姜子牙、周公旦等人的輔佐下,興兵討伐紂王。商紂王因為殘酷和暴虐的統治已經失去了民心,軍隊都不願意為他打仗,大批大批地在陣前倒戈,商朝很快就被滅掉了。

之後,周武王就按照分封制的禮法來分封各地諸侯。雖然商朝已亡,但是商朝貴族是不能被滅絕的,所以周武王就到處尋找商朝的王族。微子帶著商朝在祭祀中所用的祭器,袒露著上身,雙手捆在背

後，來到武王的軍帳前表示投降。他跪地前行，左邊有人牽著羊，右邊有人秉茅，就這樣去參見武王。周武王知道他的事蹟，感慨於他的忠誠，就放了他，還恢復了他以前的爵位，以示自己的寬厚仁慈。

後來，周武王駕崩之後，管叔、蔡叔和武庚不滿周公代替周文王執政，發動了三監之亂。叛亂被評定之後，周公讓微子代替武庚管理殷地，改國名為宋，都城為睢陽（今河南商丘），讓他繼續殷朝先祖的事業，還作了《微子之命》來告誡他。微子本來就是仁義賢能之人，代替了武庚管理封地後，很快就得到了宋國百姓的信任和愛戴。

箕子的宏論

箕子，名胥余。他是商王文丁的兒子，帝乙的弟弟，也是著名的暴君商紂王的叔父。他曾是商朝的重臣，官封太師，因封於箕地（今山西太谷、榆社一帶），人們稱之為「箕子」。

商紂王在位時，熱心於追求奢侈的生活方式，他讓人用象牙給他做筷子。箕子知道這件事以後，就悲歎著說：「他現在要用象牙做筷子，以後就會讓人用玉石給他製作杯子；有了玉杯，他就一定也想把其它的稀世珍寶都占為己有。緊接著，他就會追求車馬的奢侈和宮室的豪華，這樣一來國家就不能振興了啊。」果然不出箕子所料，商紂王為政越來越荒淫無道，只貪圖自己享樂，從不理會百姓疾苦。箕子直言勸諫，商紂卻絲毫不理會他的忠言。有人勸告箕子，說：「您現在應該離開商朝了，商紂如此為所欲為，商朝的禍患很快就會來臨。您幫不了他，還是趕緊離開為好。」

箕子無可奈何地說：「作臣子的理應向君主進諫，如果因為君主不聽取他的意見就離他而去，這樣的行為只會加深君主的過失，而自己卻能取悅於百姓。我不忍心這樣做啊。」於是，箕子披頭散髮、假裝瘋癲，從此隱居在家，不再過問國政的事。有時，他會借助彈琴的方式來宣洩自己內心的憂慮和悲憤之情，人們聽到後，把他的曲子命名為〈箕子操〉，在民間爭相傳頌。

武王在剿滅殷朝後，知道箕子是一個德才兼備的人才，便前去拜訪他。武王恭敬地說：「上天安撫百姓，使他們安居樂業，和睦相處。但是，上天是不會說話算數的，我一直不清楚的是上天是依靠什麼法則來安定百姓的，您能告訴我嗎？」

　　箕子見周武王恭恭敬敬地虛心向他請教，就把「洪範九疇」的治國大道傳授給了周武王。箕子回答說：「從前，鯀用堵塞的方法去治理洪水，攪亂了五行，上帝大怒，不把九類大法傳給他，因而他也不會懂得治國安民的常道。鯀被誅以後，禹繼承了他，用疏導的辦法成功治理了洪水，上天就賜給他九類大法，因此他得到了治國安民的常道。這九種大法，一叫五行；二叫五事；三叫八政；四叫五紀；五叫皇極；六叫三德；七叫稽疑；八叫庶徵；九叫饗用五福，威用六極，就是通過五福讓人們向善，用六極讓人們畏懼作惡。

　　五行，即金、木、水、火、土。水的常性是滋潤萬物，性在行下；火的常性是炎熱旺盛，性在上升；木可以彎曲變直；金可以銷熔變形；土可以耕種和收穫。滋潤下物產生的水鹵有鹹味，火光上升燒焦的物體有苦味，木成曲直作酸味，金銷熔變形有辣味，土地種收百穀有甜味。

　　五事，即儀容、言語、觀察、聽聞、思維。儀容應當嚴肅和恭敬，言語應該能夠讓人心悅誠服，觀察的時候要做到明察秋毫，聽聞要能做到明辯是非，思維要能夠通達周密、考慮周全。儀容恭敬，才能讓百姓的態度嚴肅；言語使人信服，才能讓國家的治理有成效；能明察秋毫，自己就不會上當受騙；能明辨是非，臣民才能放心大膽地提出自己的想法；思維周密，事情就能成功。

八政，即糧食、財貨、祭祀、營建、教化、除奸、賓贊、軍事。

五紀：一是年，二是月，三是日，四是星辰，五是曆法。」

皇極：皇極是至高無上的準則，是說天子應該建立起準則，並要求臣民們遵守這些準則，臣民們也要擁護這種準則。天子將通過這些準則來布施給自己的臣民。臣民們要安分守己，不能結黨營私，而要把天子建立的這種準則當成至高無上的標準。對於那些有才能的人，天子要善於將他們放在自己合適的職位，讓他們能夠有所作為，國家就會繁榮起來。天子宣佈的這些準則應該經常遵守。天子對人民的教導要符合上天的意思。臣民們遵守了天子建立的這些法則，按照這些原則行事，就是親附天子，所以，天子應該把自己看做是百姓們的父母，要做天下臣民的君主。

三德：一是指端正人的曲直；二是指剛能取勝，三是指柔能取勝。想要天下太平，就要端正人性的曲直；對於那些態度強硬，不甚友好的人，就要用強硬的態度來回應他們；對於一些態度友好的人，就需要用柔和的方法來對待他們。對於那些亂賊臣子，手段必須強硬；對於一些賢明的君子，則應該柔和對待。只有一國之君，才能夠授予人爵位，封給人俸祿，才能主持刑罰。

稽疑就是要解決疑難的問題，辦法就是選擇擅長卜筮的人，任用他們進行卜筮，採取少數服從多數的方法。如果遇到事關重大的疑難問題，首先要自己深思熟慮一番，然後再與卿士們商量、與百姓商量，最後再用卜筮來決斷。

庶徵是指天氣上的各種徵兆：或雨，或晴，或暖，或寒，或風。如果這五種自然現象都具備，並且能按照一定的自然規律出現，莊稼就會生長茂盛。如果其中的一種現象過多發生，莊稼就會欠收。如果其中的一種現象太過缺乏，同樣莊稼也要欠收。天子決策、卿士管理、官吏辦事都不應該有過失，政治清明、賢能的人就會得到提拔，國家就會平安穩定。

五福六禍，即長壽、富有、平安、美德、善終與早死、多病、多愁、貧窮、醜陋、懦弱。

武王聽完箕子的這番陳述，不敢把他當作普通的臣民來看待，就把朝鮮封給了他。箕子的受封之地就是現在的平壤，他帶領著他的族人成立了箕子朝鮮侯國。此時箕子已經五十二歲，他進入朝鮮半島不僅帶去了先進的文化，比如先進的農耕技術、養蠶方法、織作手段等，還帶去了大量的青銅器。在管理封地的過程中，他還制定了「犯禁八條」的法律，箕子朝鮮國在當時被中原譽為「君子之國」。

四年後，箕子從朝鮮去朝中進諫周王。經過商朝遺都殷的遺址時，他看到原來豪華的宮室已經變得殘破不堪，有些地方則被種上了莊稼。箕子心頭湧上一陣亡國之痛，他以詩當哭，作了〈麥秀〉這首詩。詩中說：「麥芒尖尖啊，禾苗綠油油。那個小子啊，不和我友好！」這裡的小子指的就是紂王，如果紂王當時願意聽他一句勸告，那麼殷商斷然不會落得這樣一個殘破的結局。殷朝的遺民看到這首詩，無不為之泣下。

「仁義」的宋襄公

　　微子建立宋國以後，傳位到宋國的第十八任君主宋桓公。宋桓公姓子，名御說，他生有七個兒子：茲甫、目夷、三種、四魚、五蕩、六鱗、七肸。宋桓公一生威名赫赫，曾追隨齊桓公東征西討、南征北戰，為齊國稱霸立下了汗馬功勞。正因如此，齊桓公在稱霸以後與宋國建立了親密的邦國關係。

　　西元前六五一年，宋桓公去世後，太子茲甫繼位，這就是後來鼎鼎有名的宋襄公。這一年，齊桓公在葵丘會合諸侯，宋襄公前去參加。齊桓公共有六個兒子，但全都是庶妾所生，地位平等，齊桓公害怕自己死後這些孩子為了爭奪王位產生糾紛，就與管仲商量了一下，將公子昭立為太子，並將他託付給宋襄公。

　　西元前六四三年，齊桓公去世。易牙、豎刁和開方三個人不服公子昭，將公子昭廢掉，並殺害擁護公子昭的朝臣官吏，另外立了公子無虧為齊國的國君。因齊桓公生前曾經將公子昭託付給宋襄公，宋襄公此人又是個重情重義之人，他視仁義超過自己的生命，所以他想要護送公子昭回齊國，幫助他奪回君位。宋國的勢力遠在齊國之下，宋襄公只能向各個諸侯國求助，希望他們派兵援助自己。可是宋國實力不強，國家的地位也自然就不高，沒幾個諸侯願意響應宋襄公的號

召。只有衛、曹、邾這三個國家實力比宋國還微弱的國家派了一些兵馬過來。宋襄公就率領著這些人殺向齊國，齊國的貴族對公子昭本來就有同情之心，再加上他們也弄不清楚宋國到底帶領了多少人過來，乾脆殺了公子無虧和豎刁，趕走了易牙，在齊國的都城臨淄迎接公子昭回國。公子昭回國後，被擁立為國君，這就是齊孝公。

在公子昭奪回王位這件事情上，宋襄公認為自己起了很大的作用，已經足夠樹立起他在各個國家之間的威信了。再加上齊桓公剛剛去世，宋襄公一心想要稱霸諸侯，便考慮起盡快會盟諸侯確定自己的盟主地位。但是，上次他在召集各諸侯國攻打齊國的時候，只有那三個小國家響應了號召，大點的國家根本不把他的話當回事，於是，這次宋襄公就準備借助大國的聲勢來為自己造勢，以保證自己順利地召集諸侯。

西元前六三九年，宋襄公在鹿上（今安徽阜陽市南）和齊國、楚國會盟。他事先沒有徵求齊國和楚國的意見，以盟主的身份自居，還擬訂了一份當年秋天在孟地會盟諸侯，共同扶持周天子的通告。齊孝公和楚成王對宋襄公的這種做法很不滿，但是礙於情面還是在這份通告上簽了名字，只是他們心裡非常不痛快。宋襄公的弟弟公子夷覺得他有些太過張揚了，便勸告他說宋國是個小國家，非要搶著當霸主肯定會給國家帶來滅頂之災的，但宋襄公卻不聽勸告。

當年秋天，在宋襄公啟程去孟地之前，公子夷再次勸告他：「楚國人一向不講信用，您還是帶上軍隊過去吧，以防有變。」宋襄公滿不在乎地說：「我和眾諸侯是友好會面的，而且提出不帶軍隊的是

我，如果我帶了軍隊過去，那麼就是我違反了約定，以後我還能怎麼取信於他們呢？」公子夷見宋襄公執意不聽他的話，便建議到：「那麼我帶一路兵馬埋伏於三里之外，以免您遇到什麼不測。」宋襄公這下生氣了，說道：「你帶兵過去跟我帶兵過去有什麼分別！我還是會失信於他們！」公子夷無奈，只得說：「那好吧，如果您遭遇什麼變故，我再從國內帶兵過去接應。」宋襄公卻害怕公子夷偷偷帶兵埋伏，有失自己的信義，便命令他同自己一起去盂地。

然而在會上，楚人卻早早將軍隊都埋伏好了，宋襄公一到他們就將他囚禁起來要脅宋國。公子夷因事先警惕，得以逃回宋國。為了救宋襄公，大夫公孫固想了個妙計，將公子夷即位為新的國君，團結起宋人抵抗楚國的軍隊，堅決不向他們投降。楚國一看，宋國有了新的國君，絲毫不在乎宋襄公的死活，宋襄公已經沒什麼用了，於是將宋襄公放走。宋襄公回到宋國，公子夷馬上退位，將君主之位重新還給了宋襄公。

宋襄公本來想要當霸主的，卻作了囚徒。他一回到國內，就開始計劃報仇。鄭國與楚國一向親近友好，宋襄公便先行進攻鄭國，楚國當然要派兵援助鄭國。宋襄公便摩拳擦掌，準備和楚國決戰。宋國和楚國力量懸殊，公子夷勸宋襄公不要意氣用事，他仍然不聽。宋軍和楚軍在泓水相遇，宋襄公將軍隊擺在泓水的岸邊，而楚軍則忙著渡河來攻打他們。公子夷說：「大王，我們趁著他們渡河的時候發起攻擊，一定能夠打敗他們。」宋襄公不同意，說他們還沒有擺好陣勢，進攻他們有悖道義。於是就在宋軍的眼皮底下，楚軍不慌不忙地全都渡過了泓水，開始在宋軍的對面擺起陣來。公子夷再次勸宋襄公：

「大王，我們趁著他們還沒站穩的時候攻擊吧，不然我們就沒有獲勝的機會了。」宋襄公還是不同意，說他們還沒有擺好陣勢，進攻他們有悖道義。直到楚軍擺好了陣勢，宋襄公這才下令宋軍攻擊。

結果宋軍大敗，宋襄公的軍隊幾乎全部戰死，他自己也受傷了。宋國的百姓都罵他，他一邊一瘸一拐地走著路，一邊還愚蠢地說道：「軍隊就是要以德服人，打仗就是要遵從仁義。仁義之師怎能趁人之危去攻打別人。」身邊僥倖活下來的將士們都在心裡暗罵他蠢，恨不得自己不認識這個滿嘴仁義道德的國君。

西元前六三七年，晉國的公子重耳在宋國的鄰國曹國受到了侮辱，就來到了宋國。宋國此時剛打了敗仗，國庫空虛，國家貧困。然而宋襄公仍然按照仁義的道理款待了重耳，還送給他二十乘車的大禮，這對流亡在外的重耳來說，真的是雪中送炭的舉動。宋襄公的這次仁義之舉，在他去世五年後為宋國化解了一次滅國之災。那時楚國伐宋，已經當了晉國國君的重耳念在宋襄公曾經款待他的份上，出兵救宋，將不講信用的楚國打得在幾年之內都不敢進犯中原地區。宋襄公的「仁義」之舉總算結出了一個好的果實。

宋襄公的仁義顯然有些愚蠢，在自己國力不強的時候對敵國和敵軍講究仁義，使宋國數次受辱，不但害了自己，更害了整個宋國。如果他將仁義用對地方，比如用在待民上，一定會使君子之風發展壯大，使得宋國國內民風淳樸。然而他卻用錯地方，才會成為後世的笑柄。儘管如此，宋襄公講究信用，而且寬以待人，這使他得以位列春秋五霸之一。

名臣華元

華元，春秋時期宋國相（今安徽省濉溪縣）人，一生輔佐了宋昭公、宋文公、宋共公、宋平公四位國君，可以說是四朝元老，華元長期擔任宋國右師，主持朝政，人稱「右師華元」，為宋國六卿之一。

西元前五九五年，楚莊王命令申舟訪問齊國，途中要經過宋國。照常理來說，既然經過宋國就應該事先告知宋國。但是，楚莊王自以為是大國，極為蔑視宋國，也就沒有告知宋國。宋國的執政大夫華元認為，這是對宋國極大的侮辱，氣憤不已。於是，華元就建議宋文公殺死楚國的使者，宋文公就命人殺了申舟。得知申舟被殺，楚莊王大怒，就下令征討宋國。

楚軍一路上望風披靡，很快就圍困了宋國都城。子反率領楚軍，開始猛攻宋國都城。然而，宋軍在華元的領導下，佔據高處，堅守城池，一度打退了楚軍的猛烈攻勢。楚莊王從西元前五九五年的秋出兵宋國，一直打到第二年的夏天，仍然沒能攻克宋國的都城。宋國的華元不斷激勵守城軍民，讓他們寧可戰死、餓死，也不能投降。

同時，宋國派人向晉國求援。但是晉國去年剛剛被楚軍戰敗，所以決定不再冒險與楚國作戰。於是，晉國只命解揚力勸宋國堅守城

池，千萬不要投降楚國。解揚經過鄭國的時候，被鄭國抓起來送到楚國。楚莊王卻親自接見暸解揚，打算收買他，要他告訴宋軍，就說晉軍不會支持宋國，以此斷了宋軍的希望，解揚堅決不從。楚莊王多次威逼利誘之後，解揚終於同意了。然而，解揚來到暸望城中的樓車上以後，就大聲地說晉國的援軍很快就會到了，還請宋軍一定要堅持守城。楚莊王非常生氣，而解揚卻說：「我答應你是為了完成我的使命，現在我完成任務了，請您處死我吧。」楚莊王一句話也說不出來，就下令放他回晉國了。

楚莊王苦於長期圍困卻毫無收穫，就想撤兵。不料，申舟的父親攔在車前，說：「我的兒子冒著生命危險去完成大王交給的任務，難道大王竟然想要食言嗎？」楚莊王說不出話來。申舟的父親認為，在宋國建築房屋、開墾田地就像長期佔領宋國一樣，這樣宋國就會屈服了。宋國見楚軍遲遲不肯撤兵，就派華元作為使者和楚王談判。

在一天夜裡，華元偷偷地潛入楚軍的營房，並溜進了楚帥子反的帳中。然後，華元走到子反的臥榻上，叫醒了子反，並對子反說：「中國國君讓我告訴您宋國的實情，宋國早已沒有了糧草，大家紛紛交換死去的孩子作為食物。宋國也早已沒有了柴火，人們就燒拆散的屍骨。雖然宋國陷入了這樣的困境，我們仍然不會答應你們那些蠻不講理的條件的。但假如楚軍能後退三十里，您怎麼說，我們都會照做的。」於是第二天，子反就把華元的話告訴了楚莊王。結果，楚軍果真後退了三十里。楚宋雙方宣佈停戰，保證互不欺騙。然而，華元則作為這項和約的人質被迫住在了楚國。雙方的盟約上寫著：「我無爾詐，爾無我虞。」（意思就是說，我不欺騙你，你也不需要防備我）。這就是成語爾虞我詐的出處和來歷。

就這樣，華元憑藉自己的聰明才智結束了一場十分艱苦的持久戰，也解決了宋國的危機的困境。儘管宋國做了某些讓步，但是宋國仍能在敵強我弱的情形下保全了國家的威嚴。而當時晉國也不敢這樣和楚國對著幹。這件事情使華元受到了人們的讚賞。

華元在楚國居住的時候，經過公子側認識了嬰齊，兩人成為好友。華元得知楚莊王喜歡琴以後，就想方設法弄到了「繞梁琴」，並把它獻給了楚莊王。因此古代四把著名的琴，分別是齊恒公的「號鍾」、楚莊王的「繞梁」、司馬相如的「綠綺」、蔡邕的「焦尾」。關於「繞梁」琴，還有一段有關周朝的時候韓國一位著名的歌姬叫韓娥的故事。一次，韓娥在去齊國的路上沒有了盤纏，沒有辦法的時候，韓娥只好到雍門彈琴賣唱。因為她的歌聲淒美動聽，催人淚下，聽到的人都很受感動。韓娥離開了三天以後，人們好像還可以聽到她的歌聲，回味無窮。後來，人們就把韓娥彈的這琴稱作「繞梁」琴，足見它的音質非常優美。

華元為了接近楚莊王，就送了這把琴，並希望能夠增進楚宋之間的友好關係。果然，楚莊王每天都沉醉於「繞梁」琴之中。甚至，楚莊王曾經為此連續七天沒有上朝，全然不顧國家大事。王妃樊姬看到這兒，就非常擔憂，並對楚莊王說：「大王，您太迷戀於琴樂中了。以前，夏桀特別喜愛『妹喜』之瑟，最終招來禍患；紂王誤聽靡靡之音，最終丟失了江山。現在，您整天沉迷於琴樂中，難道也願意冒丟失國家的危險嗎？」楚莊王聽到這兒，就認真考慮起來。最後，楚莊王命人將琴毀掉了。

西元前五八九年九月，宋文公鮑病逝，公子固繼位，即宋共公。國君去世，因此華元請求回去奔喪。楚莊王同意了，華元前後在楚國一共待了六年。華元回國後，見相城（今安徽省淮北市）地勢較高，能夠避免遭到水患侵擾。而且，相城人群也較為密集，環境也很好。於是，華元就勸說宋共公就把都城遷到相城。

西元前五八三年（即宋共公六年）春天，華元到魯國為國君求親，請求魯宣公把女兒伯姬嫁給宋共公。不久，魯國大夫季孫行父護送伯姬來相城完婚，並改稱共姬。婚禮舉辦得非常隆重，僅僅是陪嫁的女子就有十二人，除魯國本身外，衛、晉、齊等大國也紛紛送來賀禮。

當時，晉楚兩國之間連年征戰，各自損失極為慘重。華元得知晉楚兩國有謀求媾和之意，就主動出來斡旋，促成晉楚結盟。西元前五七九年五月，晉國的卿士燮與楚國公子罷、許偃在宋國的西門外會盟，史稱「宋西門之盟」（也稱「華元弭兵」）。

晉世家

曲沃代晉

周武王的庶子唐叔虞，也是周成王的弟弟，即晉國的始祖。周公輔政時消滅了唐地（今山西翼城），然後叔虞就被封為唐侯，駐守唐地。從此，唐叔虞就掌管黃河和汾河東的唐國。唐叔虞去世以後，他的兒子燮父承襲了他的位子。由於堯帝舊都的南面有一條叫做晉水的河流，所以燮父就把唐國改為晉國，即後來歷史上的晉國。而且，燮父的世世代代都承襲著他的爵位。

晉穆侯時，晉穆侯娶了齊國公主姜氏為夫人。夫人穆姜為晉穆侯生了兩個兒子，長子稱為「仇」，次子稱為「成師」。於是，晉穆侯立公子仇為太子。晉國大夫師服評價他們的名字時就說：「國君給太子取名叫仇，仇代表仇恨之義；給小兒子名叫成師，成師就代表成就他之義。他們兩個人的名字分明是取反了啊！恐怕晉國以後會發生內亂啊。」

西元前七八五年（晉穆侯二十七年），穆侯去世了，他的弟弟殤叔發動叛亂，篡奪了晉侯的爵位，太子仇被迫逃亡。直到四年以後，太子仇才在親信的幫助下殺死了殤叔，做了晉國歷史上的第十一任國君，也就是晉文侯。晉文侯統治的時候，西周王朝已經面臨滅國的危險了。

西元前七七一年，即周幽王十一年，周天子昏庸無道，他廢黜了太子宜臼，並打算立庶子伯服為太子。因此，宜臼不得不逃亡到申。後來，申侯與犬戎聯合起來攻佔了鎬京，並殺死周幽王和伯服。然後，申侯扶持宜臼為天子，即周平王。不久，犬戎佔領了涇河渭水流域，並率兵侵犯京都。隨後，王黨虢石父擁立周幽王的另外一個庶子余臣於攜，即攜王。此時，晉文侯帶領軍隊進入陝地。並且，晉文侯、鄭武公與秦襄公聯合起來，共同討伐叛賊。晉文侯等人極力護送周平王東遷洛邑，並殺死了攜王，保衛了周王朝。

　　西元七四六年（晉文侯三十五年），晉文侯去世，他的兒子姬伯繼承爵位，即晉昭侯。晉昭侯把曲沃（今山西省聞喜縣東北）封給他的叔叔姬成師，稱為曲沃桓叔。曲沃大大地超過了翼城，這也埋下了日後曲沃與翼（晉君都邑）對立的伏線。當時，桓叔已經五十八歲了，德才兼備，非常受百姓的愛戴。桓叔任用賢能的臣子欒賓為相，把曲沃治理得井井有條。晉國的百姓在晉昭侯的治理下生活沒有曲沃百姓生活的好，也都願意歸順桓叔。因此，桓叔的威望就超過了國君晉昭侯。隨著曲沃的勢力大增，桓叔便開始了取代晉國的謀劃。當時晉國有遠見的臣子都對晉昭侯說：「曲沃必定會發生叛亂，現在的曲沃和整個晉國相比，就像是一棵樹的旁邊長了一棵比主幹還要粗大的的樹枝一樣，這個粗大的樹枝是會替代這個樹的主幹的呀。」

　　西元前七三九年（即晉昭侯七年），桓叔暗中指使晉國大夫潘父在絳縣殺死了晉昭侯。正當潘父準備迎接桓叔到晉國即位時，晉國的其它大臣堅決不同意這樣做，並且擁立了太子公子平為國君，也就是晉孝侯。晉孝侯做國君以後，非常恨大夫潘父殺死自己的父親晉昭侯

並擁護外人即位的做法。於是，晉孝侯馬上派人殺死了潘父。桓叔看到時機還不成熟，也就暫時放棄了武力奪取晉國的打算，並且退兵回到了曲沃。晉孝侯雖然也明知這是曲沃桓叔的陰謀，然而終究沒有桓叔的力量強大，也只能忍氣吞聲了。

西元前七三一年（即晉孝侯八年），年老的桓叔沒有實現取代晉國的願望，就抱憾死去了。桓叔的兒子莊伯承襲了他的爵位。莊伯和他的父親一樣，也有想取代晉侯的野心。

西元前七二五年（即晉孝侯十五年），莊伯找了一個藉口領兵攻打京都，並殺死了晉孝侯。但是京都百姓進行了頑強的反抗，加上荀國軍隊的支持，最終莊伯也沒有抵擋住。不久，莊伯就率軍退回了曲沃，也沒有能夠完成取代晉國的計劃。此時，晉國臣民紛紛擁立晉孝侯的兒子姬郤即位，即晉鄂侯。

哪知，晉鄂侯命短福薄，即位六年就死去了。莊伯聽說了這個消息以後，就認為這是奪取政權的最佳時機。隨後，莊伯率領大軍進攻晉國。此時，晉文侯曾經護送東遷洛邑的周平王也非常惱怒莊伯的做法。於是，周平王就派兵討伐莊伯以下犯上的行為。這樣，莊伯又一次被迫退回了曲沃，晉國也得以保全。然後，晉國的臣民擁立晉鄂侯的兒子公子光即位，即晉哀侯。

西元前七一六年（即晉哀侯二年），就像桓叔沒有實現取代晉國的願望就死去一樣，莊伯也沒有實現自己的計劃就憂鬱而死了。隨後，莊伯的兒子姬稱承襲了爵位，即曲沃武公。武公不只是承襲了莊伯的爵位，還毫無例外地承襲了莊伯取代晉國的野心。

西元前七一〇年（即晉哀侯八年），晉國派兵攻打陘庭（今山西曲沃縣東北）。於是，陘庭派使者向曲沃武公求援。就這樣，武公和陘庭聯合密謀反叛晉國。武公和陘庭率軍在汾水河畔打敗了晉哀侯的軍隊。隨後，武公等人率軍殺死了晉哀侯和晉國大夫共叔欒成。哪知，晉國的臣民卻擁立了晉哀侯的兒子姬小子即位，即小子侯。然而，曲沃武公的勢力已經變得非常強大了，而晉國卻也無計可施。

西元前七〇六年（即晉小子侯四年），曲沃武公派人設計誘殺了小子侯。此時，周天子是周桓王，也就是周平王的孫子。周桓王的父親很早就去世了，因此周平王去世以後，周桓王就即位了。正如當年周平王主持公道一樣，周桓王也派兵討伐武公。而且，武公也毫無例外地退回了自己的領地曲沃。然後，周平王下令讓晉哀侯的弟弟公子姬緡繼承了晉侯的位子。

西元前六七八年（即晉侯緡二十八年），武公又一次發兵攻打晉國，國力弱小的晉國最終沒能擊退勢力強大的曲沃軍。於是，武公終於完成了篡奪晉國的願望。曲沃小宗日益發展，竟然接連殺死了晉昭侯、晉孝侯、晉鄂侯、晉哀侯、晉小子侯等五位國君，最終取而代之，稱為一大宗。武公派人用珍器珠寶賄賂周天子周僖王，周僖王見事已至此，也無法再更改了。於是，周僖王就順水推舟，不得不認可了曲沃武公的合法地位。從此，曲沃武公改成晉武公，與其它諸侯並列了。

驪姬下毒

　　晉武公去世，他的兒子姬詭諸即位，是為晉獻公。武公晚年的時候娶了一個年輕的夫人齊姜，她是齊桓公的女兒。青春年少的齊姜不喜歡武公這個老人，不久就與太子好上了。晉武公死後，太子成為晉獻公，並封她為夫人，她不久為晉獻公生了一個兒子申生。此時晉獻公已經有兩個兒子重耳和夷吾了，不過申生的外公是齊桓公，於是晉獻公就立申生為太子。

　　獻公五年（西元前672年），晉獻公率兵攻打驪戎，驪戎戰敗求和，驪戎的國君就將長女驪姬和小女少姬送給晉獻公。驪姬美若天仙，很有計謀，很快就獲得晉獻公的專寵。在國家大事方面，驪姬有時候還幫助晉獻公出謀劃策，她所預計的政事，十次九中，晉獻公很佩服她，更加寵愛她。後來，驪姬為晉獻公生下兒子奚齊，少姬為晉獻公生了兒子卓子，晉獻公於是立驪姬為夫人，立少姬為次妃。

　　晉獻公立驪姬為夫人的時候，按照禮儀找人用龜甲來占卜，占卜的結果很不吉利，驪姬不能為夫人。但晉獻公不死心，又讓占卜師用蓍草占卜，這次占卜的結果為吉利。於是晉獻公就讓按蓍草的占卜結果行事。占卜師卻說：「用蓍草占卜不靈，用龜甲占卜比較靈，不如按照龜甲的結果辦。龜甲的結果有警示作用，它說：『專寵會為國家

帶來災難，奪取您最心愛的東西。香草與臭草放在一起，過了十年還有臭味。』大王您最好聽從這個占卜的警告。」晉獻公不聽，堅持立驪姬為夫人。

驪姬當上夫人之後，野心勃勃地想讓自己的兒子當太子，於是就與晉獻公寵臣小施商量。她說：「我想讓我的兒子奚齊當太子，可是獻公已經立申生為太子了，而且除了申生，獻公還有重耳和夷吾等兒子，他們肯定不樂意奚齊當太子的，我們該怎麼辦呢？」小施說：「既然如此，我們就先從太子申生入手吧！」

驪姬買通大夫梁五和嬖五，讓他們在商朝的時候對晉獻公說：「曲沃是晉國祖廟所在的地方，大王最好派太子申生前去鎮守。蒲城（今山西省呂梁縣）和屈城（今山西省石樓縣東南）是晉國的邊防要塞，大王最好讓兩個大公子重耳和夷吾分別防守。」晉獻公覺得有理，於是將這三個大公子派到這些駐地。

小施又讓驪姬實施離間計。於是驪姬半夜的時候對晉獻公哭訴道：「聽說太子很會收買人心，他在曲沃很得民心，會對大王您不利啊，恐怕他會借機奪取您的王位。」晉獻公不以為然，他說：「太子既然能愛護百姓、贏得百姓的心，怎麼會不愛自己的父親呢？」驪姬一次哭訴不成，於是再次尋找機會。

驪姬勸說晉獻公召回申生，申生回來，見過晉獻公之後，前去拜見驪姬。驪姬於是請申生吃飯，二人相談甚歡。第二天，申生入宮謝恩，驪姬又請宴請申生。當晚，驪姬就向晉獻公哭訴道：「太子調戲我，他說你已經老了，要我跟他好，他以後做了國君會對我更好。」

這犯了晉獻公的大忌，因為他當年就是與自己父親的妃子偷偷好上了，他們才生下申生。不過晉獻公知道申生是一個仁厚的孩子，不會做出這件事。於是驪姬就說：「大王如果不相信的話，明天我跟太子去遊園，您偷偷看著就行了。」

第二天，驪姬與太子一起遊園，晉獻公遠遠地躲在暗處偷看。在遊園之前，驪姬在自己頭髮上抹上蜂蜜，結果遊園的時候很多蜜蜂都圍繞著她。驪姬趁機讓太子幫助自己趕走蜜蜂。太子就站在她的身後，用袖子趕走蜜蜂。晉獻公在遠處，看得不明朗，還以為太子真的在調戲驪姬，很生氣，想立刻殺掉太子。沒想到驪姬立刻下跪幫太子求情，還說：「是我讓大王將他召回來的，如果現在他死了，大臣們都會覺得是我害死了他，大王就姑且忍一忍吧。」晉獻公生氣地將太子趕回曲沃，不過心中的怒火無法平息，於是命人暗中收集太子的罪行，伺機廢掉他。

過了一段時間，驪姬派人對太子捎信說：「大王夢見了你的母親，你回來祭拜祭拜她吧！」太子在曲沃祭拜了母親，將祭拜之後的酒肉送給晉獻公。驪姬偷偷在這些酒肉中下了毒藥，然後才給晉獻公。晉獻公吃之前，聽從驪姬的建議，先將這些肉給狗吃，結果狗吃後毒死了。晉獻公不信，於是又命一個小奴隸吃這些肉，小奴隸也被毒死了。驪姬趕忙哭訴道：「看來太子想要謀殺您啊！」太子聽說這件事之後，趕忙逃到新城，晉獻公就殺了太子的老師杜原款。

有人勸說太子：「您為什麼不辯解呢？大王明辨是非，一定會還你公道的。」申生回答說：「父王離不開驪姬，如果驪姬受到傷害，

他會寢食難安。如果我辯解的話，驪姬肯定會獲罪，父王已經老了，我不能讓他不快樂。」別人無奈地說：「那你至少還可以逃走呀！」申生又說：「驪姬的罪名還沒有定下來，我就只能帶著毒害父王的罪名，誰敢接納我呢？」

申生辯解也不是，不辯解也不是，走投無路，最後在新城上弔自盡了。

除掉了太子，驪姬又打算除掉重耳和夷吾兩個公子。她對晉獻公說：「重耳和夷吾都知道申生要謀害你的陰謀，但卻隱藏不報。」晉獻公於是惱恨重耳和夷吾。重耳聽說之後，逃到了蒲城，夷吾逃到了屈城。

當初，晉獻公命大夫士芬為重耳和夷吾修築蒲城和屈城時，士芬在城牆裡加入了一些柴草。夷吾就將這件事告訴了晉獻公，晉獻公就斥責了士芬。士芬回答說：「沒有戰事卻築城，敵軍必定來佔領。既然敵軍會佔領，我們又何必這麼認真地修築城牆呢？我身在官位卻沒有接受國君的命令，這是不敬；我修築城池幫助敵軍，這是不忠。國君如果能修德行並鞏固太子的地位，這比什麼城池都強啊！」

晉獻公後來派人攻打蒲城的重耳，重耳說：「我不能抵抗父王的軍隊。」於是不抵抗，跳牆逃走，逃亡到了狄國。晉獻公派屈人攻打屈城的夷吾，夷吾抵抗不住，於是與屈人訂立盟約後，而後逃走。夷吾準備逃往狄國，邵芮說：「重耳已經逃到狄國去了，你去梁國吧。梁國靠近秦國，又被秦國信任。」於是夷吾逃到梁國。

現在太子已死，兩個大公子也逃走了，驪姬覺得時機已經成熟了，於是逼迫晉獻公立奚齊為太子。晉獻公二十六年（西元前652年），晉獻公病死，太子奚齊繼立。但奚齊不久就被晉國大夫里克等人殺死，公子夷吾被迎回晉國繼位，是為晉惠公。這時候驪姬誣害太子、逼迫兩位大公子逃亡的罪行再也瞞不住了，驪姬被殺。

晉秦之爭

　　晉獻公繼位之前，娶過兩位夫人。一個是狐姬，她是大戎主的姪女，她為晉襄公生了重耳；另一個是小戎允姓女子，她為晉襄公生了夷吾。晉獻公繼位的時候，這兩個兒子已經長成翩翩少年。但晉獻公已經與庶母齊姜生了兒子申生，齊姜是霸主齊桓公的女兒，所以晉獻公就立了小兒子申生為太子。再後來，驪姬又為晉獻公生了奚齊，驪姬謀劃太子之位，結果申生自殺，重耳與夷吾逃亡，晉國變得混亂起來。

　　晉獻公去世後，奚齊繼承王位，大臣里克殺了奚齊。晉國人又立卓子繼位，里克不久又殺了卓子，掌握了晉國的大權。然後，里克命人接流亡在外的重耳回國繼位，重耳擔心自己也會被殺害，婉言謝絕了君位。於是里克又請夷吾回國繼位。

　　夷吾當初逃到了梁國，和梁國國軍的長公主結婚，生下孩子姬圉。雖然流亡在外，但夷吾時刻注意國內動靜，當他聽說晉獻公已經死了的時候，就與跟隨自己一起逃亡的大夫偷偷回他的封地屈城。這時候晉獻公還沒有下葬，輔國大臣荀息也無暇顧及夷吾，夷吾就暫時在屈城住下了。後來，奚齊和卓子死後，夷吾聽說重耳拒絕繼承王位，就非常慶幸。晉國這時候派屠岸夷、梁繇靡兩位大夫迎接夷吾回國，說要幫助他登上王位。

邵芮對夷吾說：「這件事不要輕信，我們匆匆忙忙回國了，萬一有陰謀怎麼辦？依我看，要想做國君，必須有賢臣輔佐，有睦鄰支持。現在里克、邳鄭等老臣主持朝政，西邊有強大的秦國，不如我們先收買他們，在內獲得朝中大臣的支持，在外獲得鄰國的支持，這樣返國之後才不會有危險。」夷吾覺得此法不錯，於是就命史官寫了兩封信，分別送給晉國的重臣里克和邳鄭，許諾他們說，如果自己成了國君就封他們為相國。然後又給秦穆公一封長信，請他出兵幫助自己登上王位，承諾將來將晉國河西的五座城池獻給秦國。

　　秦穆公接到夷吾的長信，非常高興，於是就令大將公孫枝帶領三百輛兵車將夷吾送到晉國，里克和邳鄭擁護他繼位，夷吾就是晉惠公。

　　夷吾即位後，秦國大將公孫枝就在晉國國都向他索要許諾過的河西五城。晉惠公又捨不得了。晉國大夫飴甥說：「土地是祖宗給我們的財富，我們怎麼能輕易送給別人呢？」里克說：「我們不能失信於秦國啊，我看大王您還是遵守約定吧！」晉惠公考慮再三，決定還是不給秦國土地，於是又給秦穆公一封長信，信中大意說，自己剛繼承王位，不敢輕易將五座城池給秦國，等國內的局勢稍稍安定下來之後，再送給秦國吧。為了避免觸怒秦穆公，晉惠公還派邳鄭送給秦國一批金銀財寶。

　　邳鄭走後，邵芮對晉惠公說：「里克不懷好意，他說你奪了他的權，又不給他封地，心中早已經對你不滿了。邳鄭臨走，里克還與他嘀咕什麼，肯定有陰謀，不妨早日殺掉里克，以絕後患。」晉惠公

說：「里克對我有恩，我怎麼殺死他呢？」邵芮又說：「里克曾經殺死兩個國君，實在是罪大惡極，大王如果顧及你的功勞，這是私事。不過如果論起誅殺國君，這就是公事了。大王怎能因私忘公呢？」晉惠公想了想，覺得里克的確有不對的地方，於是就同意誅殺里克。

邵芮和里克有仇，他聽了晉惠公的話，立即帶領兵馬包圍了里克的住宅，里克防備不及，被迫自殺。邳鄭後來從秦國返回晉國，邵芮又在晉惠公面前進讒言。邵芮因為曾經跟隨晉惠公流亡，所以很得晉惠公信任，於是也相信了他的話。就這樣，邵芮一連殺死了晉國八位老臣，穩固了自己的地位。

晉惠公即位不久，晉國遭遇旱災，晉國軍民難以度過旱災，百姓紛紛四處逃荒，士兵因為沒有糧食吃而怨聲載道。晉惠公於是想起鄰居秦國，就想派人到秦國購買糧食。但晉惠公又一想，自己曾經許諾給秦國五座城池，如今卻沒有給他，是在不好意思張口。

邵芮就說：「大王不必擔心，我們當初也沒有拒絕給秦國這五座城池，只是說待國內局勢穩定之後再給。現在我們向秦國購買糧食，秦國如果不答應，這就是秦國的不對，那時候我們可以名正言順地拒絕給他們城池，他們也就無話可說了。」晉惠公認為這個主意不錯，於是就派人帶著書信和珠寶，理直氣壯地向秦國出發了。

秦穆公當然很不高興晉國的再次請求，但又不想得罪晉國，於是就召開群臣會議，讓大家討論一下該怎麼辦。大臣蹇叔和百里奚都同意賣糧，因為天災是不可避免的事，哪個國家都避免不了，況且受災的都是普通百姓，百姓是沒有錯誤的，將糧食賣給晉國也沒有什麼關

係。大臣邳豹是邳鄭的兒子，他剛剛從晉國投奔到秦國，急於為父親報仇，因此建議趁晉國災荒的時候攻打晉國。秦穆公最終還是聽從了百里奚等人的建議，說：「是晉惠公本人對不起我，晉國的百姓又沒有什麼過錯，我不能因為晉惠公的緣故就得罪晉國百姓。」於是命令秦國賣給給晉國糧食。

結果第二年，秦國也遭遇了旱災，秦穆公想起自己曾經賣糧給晉國，於是就派人向晉國買糧食，並效仿晉惠公，讓大臣帶著書信和大量珍寶前往晉國。晉惠公想到秦國曾經有恩於自己，一開始想賣糧給秦國，但邵芮和虢射卻建議晉國趁秦國災荒的時候討伐秦國，並強調說這是一個千載難逢的好機會。晉惠公禁不住誘惑，再次背信棄義，不但沒有賣糧給秦國，反而趁機攻打秦國。秦穆公大怒，立即召集軍隊攻打晉國。秦軍和晉軍相會在韓地，晉惠公被俘虜，晉軍戰敗。

秦穆公的夫人穆姬是晉惠公同父異母的姐姐，當她聽說弟弟被俘之後，終日哭哭啼啼，並以自己和兒子的死來要脅秦穆公放了晉惠公。秦穆公無奈，答應不殺晉惠公，穆姬這才不再自殺。秦穆公與晉國簽訂盟約，因為國君被俘的晉國，不得已將之前承諾的河西五城割給秦國，並將太子圉留在秦國做人質，秦國才將晉惠公放回去。

重耳流亡

　　重耳是晉獻公與夫人狐姬的兒子，他自由喜歡結交朋友。驪姬迫害太子之後，重耳也受到牽連，被迫逃到狄國，這時候他已經四十三歲了。跟隨重耳一起逃亡的，還有他的朋友兼晉國臣子狐偃、趙衰、先軫、賈佗和魏犫五個人，他們被稱作「五賢」。

　　狄國國君非常熱情，當他聽說重耳帶領著「五賢」來了，非常高興，以厚禮接待他們，日常他們所需的一切也盡量滿足。後來狄國攻打戎族咎如的時候，俘獲了兩個美麗的女子，大的叫叔隗，小的叫季隗。季隗嫁給重耳，為他生了姬伯鯈和姬叔劉兩個兒子。叔隗嫁給趙衰，為他生了趙盾。重耳一行人在狄國快快樂樂地生活了五年，重耳此時已經將近五十了，沒有想過再圖什麼大業了。

　　五年後，晉獻公去世，大臣里克連殺奚齊、卓子兩個幼主和大臣荀息，然後請逃亡在外的重耳回國即位。重耳擔心自己回去之後會有災難，於是就對前來的晉國使者說：「父王在位的時候，我違反國君的命令逃走；父王死了，我也沒能盡孝。現在怎麼有臉回去繼承王位呢？」不肯即位，大臣立刻就擁護公子夷吾繼承了王位，夷吾就是晉惠公。

七年後，重耳的舅父、狐氏兄弟的父親狐突寫信對狐偃說：晉惠公從秦國回去之後，命令韓原將沒有救駕的慶鄭斬首。晉惠公還聽從邵芮的建議，說重耳在外面籠絡諸侯，將來會給晉國帶來災禍，不如趁機除掉重耳。

一行人得知晉惠公想要謀害重耳之後，立即勸重耳離開。狐偃、趙衰說：「現在最強的國家是齊國，各國諸侯都依附它，我們不如投奔齊桓公。」重耳對妻子季隗說：「晉國準備派人來殺我，我已經沒法再繼續在狄國待下去了，你跟孩子好好保重吧，我得離開了。二十五年之後，如果我不回來，你就改嫁吧，不必等我了。」季隗很傷心，她說：「男兒志在四方，你是晉國的公子，更應如此。你放心走吧，二十五年之後我都成了老太婆了，還怎麼改嫁？」於是重耳一行人偷偷地離開了狄國。

要去齊國，必經衛國，重耳幾個人沒有了盤纏，已經風餐露宿很久了。來到衛國之後，趙衰對守城門的官員說：「這是晉國的重耳公子，要到齊國去，請衛國國君接見我們吧。」守門人飛快地報告給衛國國君，衛文公認為衛國當時修建國都的時候，晉國不肯幫忙，聽說重耳是逃難的，更不願意接見了。他讓守門人對重耳他們說：「我們國君從來沒有聽說過什麼重耳公子，你們到別處去吧。」

重耳他們雖然很憤怒，但也沒辦法，只好餓著肚子趕路。這天，他們來到五鹿（在今河南濮陽東北），看見一群農夫正在吃午飯，飢餓難忍的重耳就讓狐偃過去討要一些。農夫回答說：「我們沒有多餘的飯給你們吃。」一位農夫還拿著一塊土，開玩笑地對他們說：「要

不你們吃這個？」魏仇生氣，準備打這個農夫，狐偃卻趕緊接過這塊土，遞給重耳，說：「公子你知道嗎，這是一個好東西，這不就是上天賜予我們的土地嗎？你應該趕快接受啊！」重耳覺得很有道理，果真接下了這塊土。

因為很久沒有吃飯了，重耳是在餓得不行了，介子推就從自己大腿上割下了一塊肉，為重耳做了一碗肉湯。重耳吃完之後，大家才繼續趕路。就這樣，大家風餐露宿很久，總算挨到了齊國。齊國當時正在忙著籠絡諸侯，聽說晉國的公子到了，立刻派人到關外迎接。齊桓公聽說重耳是一個賢德公子，於是不但以禮相待，還將自己一個遠房侄女齊姜嫁給了他，又送給重耳二十多輛車馬。但幾年之後，齊桓公死了，齊國的公子為了爭奪王位發生戰亂。狐偃、趙衰等人不想再在齊國待下去了，於是勸說重耳到宋國去。但重耳已經被齊桓公賜予的安逸生活給慣壞了，不肯再過顛沛流離的生活。於是狐偃、趙衰等人就密謀怎樣將重耳勸離齊國，不想他們的密謀被一個採桑女聽到了，採桑女就將這個秘密告訴了齊姜。齊姜雖然不想重耳離開自己，但又不想重耳這樣無所事事下去，於是將這個採桑女殺了，然後與狐偃想辦法將重耳送出齊國。

齊姜找了一個藉口，將重耳灌醉，然後讓狐偃等人將重耳抬上馬車，馬車連夜出城，向著宋國走去。重耳酒醒之後，看到自己已經出了齊國，非常生氣，想要打狐偃等人，但現在已經出了齊國，也沒有辦法了，只好跟著他們繼續趕路。

途徑曹國，曹國國君曹共公看重耳是流亡之人，不以禮儀接待

他。曹國大臣僖負羈說：「晉公子是天下聞名的賢德之人，國君跟他是同性，怎麼這麼無禮呢？」曹共公這才收納了重耳等人。但他聽說重耳的相貌很奇怪，因為世人傳說重耳的的肋骨是連在一起的。於是就讓重耳去洗澡，然後趁重耳洗澡的時候，偷偷看他的身體。曹國大夫僖負羈知道之後，親自向重耳賠禮道歉，並偷偷送給重耳食物和玉璧。誰對自己好，誰對自己不好，這些重耳都牢記於心。

重耳離開曹國，來到宋國，宋國國君宋襄公聽說重耳到來，以國賓之禮接待他，並且送重耳二十匹好馬。重耳離開的時候，宋襄公還送了一程又一程。此時的宋國剛經歷過敗仗，宋襄公尚且送給自己這麼厚重的禮物，所以重耳很感激他。

重耳離開宋國，又來到鄭國，但鄭國國君不肯接待他們，重耳等人只好繞道，到了楚國。楚國國君楚成王隆重招待了重耳，重耳也感受到楚成王的情意，慢慢與他成為朋友。

一天，楚成王宴請重耳，在宴席上，楚成王開玩笑說：「公子將來如果回到晉國，當了國君，準備怎樣報答我呢？」重耳回答說：「如果我當了晉國的國君，就與楚國世代交好，憑藉這個來報答大王的恩德。如果不幸我們兩國發生的戰事，我一定下令退避三舍，以此來報答大王今日的恩惠。」楚國大將成得臣聽了重耳的話，對楚成王說：「重耳出言不恭順，將來肯定會做出對楚國不利的事，大王不如趁早殺了他。」楚成王說：「重耳是天下聞名的賢人，連上天都保祐他，我怎麼能違背上天的旨意殺了他呢？」仍舊好吃好喝地招待重耳。

重耳返都

晉惠公為了跟秦國搞好關係,將太子姬圉送到了秦國做人質。秦穆公為了將來考慮,將自己的女兒懷贏嫁給了姬圉,還想幫助姬圉坐上晉國國君的位子。西元前六三八年,晉惠公重病不起,太子圉擔心別的人搶了君位,就自己偷偷跑回晉國去了,連自己的岳父秦穆公也沒有通知一聲。到了第二年,晉惠公死後,太子圉做了國君,就是晉懷公。晉懷公一即位,立刻跟秦國斷絕了來往。秦穆公也很生氣,想要把重耳接到秦國來,再將他立為國君。

楚成王知道這件事後,對重耳說:「晉楚兩國,中間隔著千山萬水,我雖然想把你送回晉國去,可是難度太大了。正好現在秦穆公派了大將軍公孫枝來迎接你到秦國去,秦晉兩國離得很近,你到那裡去是最好的歸宿。」重耳心裡也明白這是對自己最有利的做法,對楚成王萬分感激,於是就帶著手下的一班人跟隨公孫枝去了秦國。

重耳到了秦國以後,就去見了秦穆公。秦穆公見了重耳以後非常開心,熱情招待不說,還提出要把自己的女兒懷贏改嫁給重耳。姬圉是重耳的侄子,懷贏就是重耳的侄媳婦了,讓他娶自己的侄媳婦,實在是太強人所難了些。懷贏也是一萬個不答應,哭著對自己的父親說:「我已經是公子圉的妻子了,怎麼能再嫁給他的叔叔呢?」懷贏

的母親卻說：「只要是能增進兩國關係的事，為什麼不做呢？」於是，重耳就這樣娶了懷嬴。

做了國君的姬圉十分害怕重耳再回到晉國，於是下了一道命令，規定說：「凡是跟著重耳一塊出去的那些人，限定三個月內返回晉國，如果超過三個月，那麼他們的家屬就一律要被問斬。」果然，跟著重耳的狐毛和狐偃的父親狐突就被殺害了。

西元前六三六年，秦穆公決定派軍隊護送重耳回去，他率領著自己手下的百里奚、公子縶、公孫枝等一干人，一直把重耳送到了黃河邊上。在登船的時候，重耳的隨從將所有的行李都搬到了船上，重耳看見後說道：「我這次回去是要當國君的，整個晉國都是我的，還帶著這些破爛幹什麼？」於是命人將那些不值錢的東西都拋到了岸上。

狐毛和狐偃兩兄弟因為父親被害的事情，都十分難受，手捧著秦穆公送的白玉，跪在重耳面前說道：「公子您馬上就要回到晉國去做國君了，只要一回國，國內有很多優秀的大臣在等著輔佐您，國外又有秦國的強大支持。我們就留在秦國做您的外臣吧。」重耳聽後連忙勸說道：「我之所以能夠活下來，全靠你們兄弟和舅舅的幫助，現在好不容易苦盡甘來了，你們怎麼能不跟我回去而留在秦國呢？」狐偃說道：「我們現在身背三大罪狀，實在不敢跟著您回去。古人曾說過，聖臣可以讓國君保有尊嚴，賢臣可以令國家保持安定。這些我們都做不到，還讓公子被困在了五鹿，這是第一條罪過；到了後來，我們帶著您在曹國、衛國備受歧視，這是第二條罪狀；趁著您喝醉了酒，我們偷偷拉著您離開了齊國，這是第三條罪過。以前因為您一直

處於禍患中，我們不敢離開，今天您要重新回國了，我們就像這些破爛一樣，也該被扔掉了。」重耳於是流著淚說道：「你們對我的好，我永遠都不會忘掉的。」說完又命人把扔掉的東西又撿了回來。

重耳回到晉國以後果然做了國君，就是著名的晉文公。那些曾經在晉惠公手下當過官的呂省、邵芮等人，雖然表面上歸順了重耳，但心裡一直對他懷恨在心，密謀早日將他殺掉，再改立別人為君。他們又勾結了勃抵，拉他一起行動。勃抵曾經奉命捉拿過晉文公，他從呂家出來後，就主動到了狐偃家裡要求面見晉文公。

狐偃聽了勃抵的要求後，立刻帶著他來到了晉宮，他讓勃抵在外面等候，自己先進去把情況給晉文公說了一遍。晉文公說道：「勃抵是想求你替他做人情吧。」狐偃說：「國君您現在剛剛登基，很多事情應該大事化小，小事化了，任用賢能之人，不問出身。」晉文公對勃抵早就懷恨在心，並沒有聽從狐偃的建議，反而派了人到門外把勃抵臭　了一頓。勃抵被罵了一通後，哈哈大笑道：「獻公是你的父親，惠公是你的兄弟，你們親生父子兄弟之間尚且還互相殘殺，又何況外人呢？既然國君不願意見我，那就算了。」狐偃從勃抵的話裡聽出了玄機，知道肯定有什麼事要發生，於是又對晉文公說：「勃抵一定有重要的事要稟告，您不見他說不定會後悔的。」晉文公不好駁狐偃的面子，只好勉強答應見他一面。

勃抵見到晉文公後，一個勁地向他道喜，搞得晉文公莫名其妙地說道：「我已經即位很多天了，你怎麼現在才來跟我道喜？」勃抵回答道：「我之所以道喜，是因為您選擇接見了我，這就相當於是保住

了您的王位。」於是，他就把呂省、邵芮要搞叛變的事情告訴了晉文公。晉文公聽後嚇得直後怕，連夜就粉碎了叛亂的陰謀。

在平息了呂省、邵芮二人的叛亂後，晉文公舉行了自己復國後的封賞大典，那些曾經跟著他逃亡在外的人統統都被封官賞爵，一時風光無限。那些曾經同情幫助過他的人也都受到了相應的賞賜。甚至於那些後來歸順的人，晉文公也都做了合適的安排。除此之外，晉文公還下了命令，赦免了呂省、邵芮的族人和僕人。從此以後，晉國結束了動盪不安的政局。

在封賞的人中，唯獨不見曾經跟晉文公一起出逃的介子推。介子推為人十分的耿直，在跟隨晉文公回國後，他只到宮裡見了晉文公一次，從此便一直託病不出，待在家裡編織草鞋，伺候自己年邁的母親。晉文公在封賞之時，竟然把介子推這個人都給忘了。介子推的鄰居張解勸他趕緊過去找晉文公要賞賜，介子推只是笑了笑，並沒有說什麼。他的母親得知消息後也這樣勸他，介子推說道：「我既不想做官，又不想發財，去見他圖什麼呢？」於是帶著母親一起到綿山隱居去了。

介子推的鄰居張解後來聽說晉文公在找尋那些應該得到封賞卻沒有得到的功臣，就連夜寫了一篇詩文掛在了朝門之上。晉文公看到後，立刻想起來了那個在逃亡路上割肉給自己吃的介子推，於是趕忙派人去找他。結果卻沒有找到。晉文公見找不到介子推，就派人找來了張解，向他詢問介子推的處所。張解把事情原原本本地給他講了一遍，還答應給他帶路去找尋介子推。

於是，晉文公將張解封為了大夫，派他做嚮導，帶領自己和一幫文武大臣到綿山去找尋介子推。這樣找了好幾天，連介子推的人影也沒有發現。有人對晉文公建議說：「介子推這個人最是孝順，如果我們把山燒了，他一定會背著自己的母親出來逃命的。」

晉文公覺得有道理，於是命人開始燒山。大火一連燒了好幾天才滅，可是介子推卻一直沒有出現。晉文公於是下令派人去搜山，結果在一棵大樹下面發現了介子推和母親兩人的屍首。晉文公十分後悔，命人將他們埋在了綿山下面，還為他修了一座祠堂，以便後人可以永遠記住他的功勞。晉文公又命令，將綿山改名為介休來表示對介子推的思念，介休的意思就是介子推休息過的地方。

文公稱霸

　　在晉文公登上王座的第二年，也就是西元前六三五年，周天子突然派了使者到晉國去宣讀詔書，詔書上說道，太叔姬帶勾結了狄兵，現在已經攻佔了王宮，搶佔了王位，讓秦晉兩國立刻帶兵前去討伐姬帶。

　　晉文公收到詔書後，立刻召集文武大臣來商量這件事。狐偃說道：「齊桓公之所以能夠在過去建立霸業，令其它諸侯都俯首稱臣，就是因為他奉行尊王攘夷的政策。現在您剛剛即位，勢力還不強大，如果想要建立一番霸業，這樣做也不失為一條好的選擇。」於是晉文公便選好了日子，在那天親自披掛上陣，浩浩蕩蕩地向京師進發。

　　晉軍一路上所向披靡，太叔姬帶知道後，就將軍隊駐紮在了溫地。晉文公將軍隊分為兩路，一路由右將軍邵溱率領去攻打溫地，另一路則由左將軍趙衰率領著去了鄭地竹川，迎接周天子返京。溫地的百姓得知晉軍要來救援的消息後，打開城門來迎接他們。太叔姬帶見大勢已去，想要乘車逃跑，結果被晉國大將魏仇給殺了。晉軍很快就平定了太叔的叛亂，把周天子迎回了朝中。

　　周天子為了表達對晉文公的感謝，特意在宮殿裡大擺筵席來款待

他們一行人，周天子還把溫、原、陽樊、攢茅四塊土地都給了晉文公。晉文公為了真正獲得這四塊土地，將晉軍大部都駐紮在了太行山的南邊，派魏仇去收復陽樊，顛頡去平定攢茅，欒枝前往溫地，他自己則和趙衰到原地去。

晉軍要到原地來的消息傳出後，有一個叫原伯貫的周朝的卿士，四處造謠說晉國人都是些殺人不眨眼的惡魔，所到之處雞犬不寧，民不聊生。原地的百姓一聽，都信以為真，於是關緊城門不放晉軍進來。晉文公帶著士兵在外面包圍了整座城，傳下話說他只等三天，三天後如果城內人還是決定不開門，他就立刻退兵。到了第三天晚上，從城裡跑出一個人對晉文公說：「我們都已經知道晉軍是一支紀律嚴明的正義之師，已經決定明天就開門投降。」晉文公聽後說道：「我說過只等三天，明天一早我們就會離開。」一些大臣說道：「城裡人既然已經決定投降了，再多等一天又有什麼關係？」晉文公嚴肅的回答道：「人無信則不立，信譽是根本，如果為了一時的利益而不顧信譽，那以後還指望誰來相信我們呢？」

天亮以後，晉文公果然帶著軍隊離開了。就在這時候，城裡的百姓忽然都跑了出來追趕晉軍，一直追了三十多里地。就連最開始造謠的那個原伯貫也表示願意投靠晉文公。於是，晉文公重新下令軍隊就地駐紮下來，自己帶著幾個親信回到了原城。城裡的百姓歡呼雀躍。晉文公又按照周朝的禮節接見了原伯貫。從此以後，原城正式歸到了晉國的地盤，晉文公將趙衰留在了那裡當長官。

西元前六三三年，楚國聯合了陳國、蔡國、鄭國和許國四個國家一起去攻打宋國。宋國危急，宋成公趕忙派司馬公孫固到晉國去求援。

晉文公收到求救的書信後，趕忙叫來了大臣們商量對策。先軫首先說道：「楚國是大國，國富民強，還曾經幫助過您，如果我們答應了宋國的要求，肯定會得罪楚國，這件事真是不好辦。」晉文公說：「可是宋國也曾經幫助過我們，說什麼也不能見死不救啊！」狐偃說道：「衛國和曹國這兩個國家的關係很好，現在又都歸附了楚國。但這兩個國家都跟我們有仇，如果我們去攻打他們，楚國一定會幫他們，這樣一來，宋國不就安全了嗎？」晉文公採納了狐偃的建議，將這個計劃又告訴了宋使公孫固，囑咐他讓宋成公一定要堅守住城池。

晉文公於是準備發兵攻打曹國和衛國，並任命邵縠做元帥。邵縠對晉文公獻計說：「我建議我們以攻打曹國的名義去向衛國借道，衛國一定不會答應，我們暗中偷襲衛國，再乘勝攻打曹國，這樣肯定能夠取得勝利。」晉文公按照邵縠的計劃執行，命人到衛國去借道，衛國果然沒有答應。晉軍趁機向南渡過了黃河，一直打到五鹿城下，衛國的軍隊紛紛逃散。晉文公兵不血刃地收取了衛地，得意地說道：「當年狐偃曾經說過一句話，得土吉利，今天總算是實現了。」接著，晉軍又聯合了齊軍，力量進一步壯大。衛成公見五鹿已失，料到衛郡也堅持不了多久了，乾脆讓弟弟叔武替自己處理國事，而他卻逃到襄樂享清福去了。晉軍很快就佔領了衛國的國都。

消滅了衛國後，晉文公接著便去攻打曹國。曹共公得到消息後，急忙召集文武大臣一起來商量對策。大夫僖負羈說道：「晉國之所以發兵攻打我們，無非是想報當年的仇。現在晉國剛剛滅了衛國，士氣正旺，硬打是打不過的，我願意親自前往晉軍軍營裡去議和，以免除百姓的禍患。」大夫於朗聽了這話後怒不可遏，憤憤地說道：「當年

晉侯從我們這裡經過的時候，僖負羈就私自給他送去食物，現在又主張求和，這是賣國的表現。必須殺了他，晉軍才可以擊退。」曹共公因為念在僖負羈曾經有過功勞，於是只是罷免了他的官職。曹共公最後想出了一個假投降的計謀來，晉文公果然相信了，立刻就要帶兵進到曹都裡，先軫勸他說：「現在仗還沒有打，竟然就投降了，其中一定有詐。」

晉文公為了試探虛實，在黃昏時分搞了一個假的受降儀式，命人裝作自己的樣子去城裡接受投降。等到到了城中央的時候，忽然間萬箭齊發，一行三百人全部死於當場。曹軍都以為晉文公已經死了，心下都鬆了一口氣。誰知道天明以後才發現，殺的是個冒牌貨。為了動搖晉軍的軍心，曹軍將殺害的屍首都弔在城牆上，晉軍久攻不下，再看到屍首，一時都沒了脾氣。這時有人建議道：「曹軍既然都這麼幹了，我們為什麼不把他們的祖墳給挖了？」曹共公一看祖墳都被挖了，只好投降。

晉軍接連打了勝仗，一時名聲大振，那些圍困宋國的諸侯國都紛紛撤兵，宋國安全了。從此以後，晉國更加強大，晉文公的名氣也遠播四海。

晉文公因為對楚國曾經的幫助很是感激，一直都不想跟楚國開戰。楚軍前來挑戰，他按照之前的承諾，下令全軍向後退了三舍，算是報答之前的恩德。楚軍見晉軍不戰自退，都認為他們是害怕了，越發趾高氣揚起來。但是最後，晉文公通過周密的計劃，還是打敗了楚軍。為了保持兩家的友好關係，他下令不要追擊。

晉國打敗了楚國之後，連周襄王都派出了使者去慰問晉軍，還贈給了晉文公象徵諸侯首領的服飾、刀箭等珍貴的物品。從此以後，晉文公就成了春秋時期的霸主。

晉靈公害趙盾

　　晉文公重耳於翟國避難之時，迎娶了戎族國君的小女季隗為妻，並生有姬伯鯈和姬叔劉兩子；重耳還將她的姐姐叔隗嫁給了謀士趙衰，叔隗生有一個兒子，趙衰為其起名為「盾」。趙盾年幼時便跟隨博學的父親和英明的姨父重耳學習，於是從小就培養了博學多才、通情達理以及溫文爾雅的性格。

　　重耳在受到晉惠公迫害之後，踏上了流亡他國的漫長之路，而此時趙盾則跟隨母親在翟國相依為命。後來，秦國的秦穆公派遣軍隊護送公子重耳重回晉國，誅殺了晉懷公，並自立為晉文公。在這之後不久，晉文公就再次將自己的女兒孟姬嫁給了趙衰，孟姬生有三個孩子，分別是趙同、趙括和趙嬰齊。趙姬（本姓姬，嫁於趙氏，故史稱趙姬）是個品德極其高尚的人，在她得知趙盾母子還留在翟國後，便設法將他們接回了晉國。在叔隗帶趙盾回到趙家後，趙姬又要求趙衰和趙盾為趙氏宗子，並告誡她的三個兒子趙同、趙括、趙嬰齊以庶子的身份侍奉哥哥趙盾。

　　西元前六二二年（晉襄公六年），趙衰去世。晉襄公是個寬厚仁慈的君主，他下令趙衰生前所用的重臣繼續官居原職，並且按照死後子襲父職的規矩，讓趙盾繼承了父親的執政大夫一職，位列賈季（狐

偃之子）之下。後來，襄公的老師陽處父向晉襄公建議說：「賈季為人過於自大，不如趙盾賢能。」於是晉襄公下令將賈季貶為中軍佐，輔佐趙盾，而趙盾則被任命為中軍元帥。此時，趙盾在陽處父的協助下，已經集軍政大權於一身，成為正卿，他擔任執政大夫兼中軍元帥，而趙氏家族的勢力也開始急劇膨脹。

就在趙盾成為正卿的幾個月後的西元前六二一年（晉襄公七年），年輕的晉襄公臥病不起，在其彌留之際將趙盾招到自己的榻前，並將年幼的太子夷皋託付給了趙盾，囑託趙盾輔佐夷皋。晉襄公死後不久，趙盾卻認為太子夷皋年紀太小，希望能立一個年紀大些的國君，便和其它大臣們一起商議再立國君的事情。趙盾提議：「亂世之中應該立個年長的君主，太子夷皋年幼不能治理國政，不如擁立襄公的弟弟公子雍。公子雍深受文公喜愛，才學兼備，只有他才能讓晉國的霸業得以延續。」

中軍佐賈季卻表達了反對意見，他提議：「公子樂的媽媽辰嬴先後被懷公與文公兩人寵愛，如果我們立她的兒子公子樂，必然能得到晉人的擁護。」趙盾反駁說：「辰嬴地位太過卑賤，排名只是第九，而且他一人侍奉過兩任國君，如果立公子樂恐怕言不正、名不順。而公子雍的母親杜祁因為襄公當了國君，就主動讓逼姞（晉襄公的生母）排名在自己的前面，而且讓季隗也排在自己前面，自己則在內宮排名第四名。文公也因為杜祁的謙讓而異常喜歡她的兒子公子雍，還讓公子雍到秦國去做官，當了亞卿。再者，秦國也比較強大，距離中國又近，遇到戰亂也能成為他的外援。杜祁申明大義，兒子萬般得寵，這在老百姓心中擁有崇高的威信，立他最合適的。」

其實，此時的趙盾還是一心一意地為晉國的命運著想，試想如果是一個有野心的人，那麼立一個年幼的國君更有利於自己獨攬大權。趙盾提議立賢能的公子雍，說明趙盾是個賢臣。然而其公然在朝會之上背棄先君的遺囑，也可見其權勢之大。

　　這之後，趙盾派遣先蔑、士會前往秦國迎立公子雍。而此時，對設立國君有意見的賈季也派人前往陳國迎立公子樂。趙盾察覺此事後，便派人在半路將公子樂殺了。賈季感到顏面盡失，於是遷怒於陽處父，認為正是他在晉襄公面前說的話，才使自己的軍權被趙盾竊取，如今鬧到如此地步。於是賈季派續簡鞠居殺死了陽處父。晉襄公安葬後，趙盾立即派人誅殺了續鞠居，賈季也意識到問題的嚴重性，連忙逃亡去翟國，尋求庇護。

　　此時，秦康公送公子雍（兩人為表兄弟）回到晉國，並且派給公子雍很多步兵守衛。而晉國太子夷皋的母親穆嬴在聽到公子雍要趕回國內繼承君位的消息時，抱著太子在朝廷上哭泣說：「先君有什麼罪？他的後嗣又有什麼罪？捨棄嫡子而到外面尋找國君，將把這孩子置於何地？」穆嬴還抱著太子夷皋趕到趙盾的住所，向趙盾叩頭說：「先君把夷皋託付給您，如今國君去世，您卻要背棄他，您要我們如何活下去？」趙盾與其它大臣們都憂慮穆嬴的糾纏，萬不得已決定背棄公子姬雍而改立太子夷皋為國君，這就是晉靈公。晉靈公即位後，趙盾還親自率兵打敗了護送公子姬雍的秦軍。

　　然而，晉靈公卻並不知道珍惜自己的國君之位，更體諒不到母親穆嬴的苦衷。晉靈公長大以後，開始每日過著糜爛的淫逸生活，還為

此大量徵收賦稅。有一次，他竟然從高臺上用彈弓射行人，而這僅僅是為了觀看他們躲避彈丸的樣子。他甚至還因為廚師沒有把熊掌燉爛就把廚師殺了，並放在筐裡，讓宮女們用頭頂著經過朝廷。大臣趙盾和士季看見露出的死人手，詢問廚師被殺的原因，得知後深為晉靈公的慘無人道而憂慮。

趙盾和大臣們打算勸說晉靈公，士季對趙盾說：「如果您的進諫國君都不聽，那就沒有人能接著進諫了。不如讓我先去勸勸，要是沒有作用，您再接著去勸。」於是，經過三次的求見，晉靈公才接見了士季，在聽了士季的勸諫之後，靈公虛情假意地說：「我已經知道自己做錯了，以後再也不會這樣了。」士季叩頭回答說：「每個人都會犯錯誤，只要犯了錯誤能夠改正，那就是最好的了。如果您能就此改過，體恤百姓，那麼臣子們就有了依靠，國家也就有了保障。」

然而，這之後晉靈公依舊肆無忌憚，並無任何悔改之意。後來趙盾又多次勸諫，於是晉靈公開始討厭趙盾，進而衍變成憎恨，甚至派鉏麑去刺殺趙盾。而鉏麑也算個忠臣，他一大早去了趙盾的家，看見臥室的門開著，趙盾已經穿戴好禮服準備上朝，而由於時間還早，趙盾正和衣坐著打盹兒。鉏麑感歎地說：「這種時候還不忘記恭敬國君，真是百姓的福祉啊。殺他是不忠；不殺是失信。不如自己去死吧。」最後鉏麑在一棵槐樹上撞死了。

西元前六○七年（晉靈公十四年），晉靈公對於殺趙盾仍舊不死心，於是他假借請趙盾喝酒之名，事先埋伏下武士，準備殺掉趙盾。趙盾的車夫提彌明發現了這個陰謀，於是扶起趙盾走下殿堂。此時，

晉靈公放出猛犬來咬趙盾，提彌明為了保護趙盾徒手上前搏鬥，最後戰死。而衷心的趙盾因為不忍心弒君，最後自己出逃了。

趙盾的弟弟趙穿知道此事後，找到桃園殺掉了晉靈公。而此時趙盾還沒有走出國境，於是就回來了。趙盾讓趙穿從周京迎來襄公的弟弟黑臀即位，即晉成公。

楚世家

一鳴驚人

在屈原的《離騷》裡面曾經說過「帝高陽之苗裔兮」，表明楚國的人都是顓頊帝高陽的子孫。火神祝融就是高陽的曾孫之一，而祝融的孫子季連的後代中有一個叫熊繹。在周成王時期，因為曾經為文王和武王建立過卓越的功勳，所以熊繹被封為子男爵，他的封地就是現在的楚國。所以說高陽是他們的先祖也是有歷史考證的。

周平王當政時期，周朝王室的力量逐漸衰弱，而楚國的力量則逐漸變得強大。到了東周時期，素以鐵腕手段著稱的熊通將自己的侄子殺死了，並且向天子要求稱王，遭到拒絕之後自己稱王，就是歷史上的楚武王。因為他的鐵腕政策和有所擔當的氣魄，在江漢平原建立了自己穩定的統治，相應的國家機構也逐漸完善了，可以說在楚武王的統治之下，楚國的綜合國力變得非常強盛。而繼他之後，熊貨即位為楚文王，定郢為都城。此後楚國就在這個地方一代代地繁衍下來。

到了楚穆王時期，西元前六一五年，成嘉接替他哥哥擔任令尹，一直在若敖氏的管理之下的舒國和其附屬國紛紛開始從楚國分離出去。過了一年，楚莊王熊旅即位。莊王因為年少，對政事一竅不通，只知道在宮中玩樂，朝政大事都交給成嘉等若敖氏一族來打理。

楚莊王即位之後第二年，成嘉為了鎮壓舒國等國的叛亂，開始發兵遠征，將公子燮和斗克留守在國都。斗克曾經是秦國的俘虜，後來因為秦楚聯合抵抗晉國，這才被放回來。但是回國之後，他一直沒有施展才能的機會，備受打壓，內心十分抑鬱。而公子燮在競爭令尹的時候輸給了成嘉，內心也很不服氣。就這樣兩個人湊到一塊去了，打算趁著成嘉不在國內就開始謀反。等出征的隊伍到達前線之後，他們就開始在國都戒嚴，還派人刺殺成嘉，結果失敗。成嘉立刻率大軍殺回國都。公子燮和斗克劫持著楚莊王突破重圍，開始逃往盧地，但在盧地被當地大夫戢梁誘殺，這樣叛亂以失敗告終，楚莊王也得以重新返回國都。

　　莊王有一匹自己的愛馬，他對待這匹馬比對待大夫還要高級，不僅讓它穿著刺繡的衣服，還讓它喝著珍貴的棗脯，馬棚都要比平常的要富麗堂皇得多。就是在這種優厚的待遇之下，這匹馬因為肥胖而死。在馬死後，莊王堅持要用安葬大夫的禮制來安葬這匹馬。眾多大臣認為莊王將馬放在和人同樣的位置上是對他們的一種侮辱，所以紛紛對莊王表示不滿，但是莊王聽不進去任何意見，下令處死再有對這件事情發表議論的人。優孟聽說了這件事情之後，馬上就痛哭著跑進大殿，莊王感到非常奇怪，問他為什麼要哭。優孟說大王最心愛的馬都死掉了，楚國地大物博，什麼樣的珍寶都有，但是只用安葬大夫的禮制來安葬它，也顯得楚國太小氣了；應該用安葬君王的禮制來安葬這匹馬，才能顯示出楚國的富有。聽到這番話，莊王無話可說，只能放棄用安葬大夫的禮制來安葬馬匹。

　　僅過了兩年，也就是西元前六一一年，楚國發生了嚴重的饑荒。

就在這時候，楚國外部的環境也不安寧，周圍的國家都開始反對楚國發動進攻，很多附屬國也開始反叛，這時候楚國可謂是同時面臨著內憂外患，情況十分緊急。短短的三年之內，國都收到的告急文書已經不計其數，各地都開始戒嚴，就在這種環境之下，楚莊王仍然只顧著玩樂，大臣不斷進諫，但是都被莊王退回來了，還說誰要是再進諫就處死誰，這讓很多大臣心急如焚。

一天，莊王正在喝酒吃肉、欣賞著歌舞的時候，大夫武舉來覲見莊王。莊王問武舉是想來喝酒、吃肉還是看歌舞，武舉說他只是想來讓莊王幫助解一個謎語，因為他怎麼想都想不出謎底。這一下莊王來了興趣，急忙問武舉到底是什麼謎語那麼難猜。武舉說道：「楚國的國都裡有一隻很大的鳥，一直停留在朝堂上面，三年過去了，從來沒有叫過一聲，也從來沒有飛過一次。這是一隻什麼樣的鳥呢？」莊王一聽就明白了武舉話裡面真正的意思，於是說道：「這肯定不是一隻普通的鳥，三年不叫也不飛就是為了積蓄力量，到時候一飛衝天，一鳴驚人！」武舉聽了之後很高興地退出來了。

可是幾個月過去了，莊王依然和以前一樣，對國家現在的情況不聞不問，只顧著花天酒地地玩樂。蘇從忍不住了，急忙哭著去拜見莊王。莊王問他為什麼如此傷心，蘇從回答說：「我就要死了，楚國就要滅亡了，所以我才這樣傷心。」莊王不明白蘇從為什麼好端端的就要死了，楚國為什麼要滅亡了。蘇從解釋說：「我想勸您，但是您肯定不會聽，然後就會殺了我；再加上您整天只顧玩樂，不管朝政，楚國的滅亡也不遠了。」莊王聽完之後非常生氣；「我之前就說過，誰進諫就處死誰，你不怕死嗎？」蘇從悲痛地說：「您將我殺死了，我

就會得到忠臣的美名。您繼續這樣下去，就會成為楚國的亡國之君。這樣是您更傻呀！」莊王聽完之後非常感動，表示蘇從說的都是正確的，一定會按照他的意見去辦。緊接著，楚莊王就下令解散了樂隊和舞女，從此開始遠離酒色，親自打理政事。

就是在莊王親政的這一年，他來到了抵抗庸國的前線，親自指揮戰鬥，這樣一來，將士們的士氣高漲，很快就消滅了庸國。這樣莊王就取得了親政之後的第一場勝利。解除了外患之後，莊王迅速回國，平定了國內的叛亂，穩固了對國家的統治。這樣一來，莊王也開始打算北上爭霸了。這時候晉靈公已經親征，但趙盾仍然把持著朝政大權，他們之間的矛盾正在激化，這樣就給了莊王可趁之機來揮師北上。在莊王的統治之下，楚國越來越穩定，實力也在不斷增強，甚至一些中原國家也開始依附於楚國。

在西元前六〇六年的時候，莊王親自率領大軍討伐戎國，趁著這個機會把楚國的主力部隊調集到了洛陽的周圍，並且在那裡舉行了盛大的閱兵儀式。這個舉動讓周定王非常惶恐，趕緊派大夫去慰問楚軍。在接見周大夫的時候，莊王詢問了九個鼎的重量和大小。九鼎代表著王權，莊王問鼎，標誌著楚國進入了歷史的最強階段。

孤獨的楚靈王

楚莊王的英雄一生在西元前五九一年結束，按照他生前的意願，他死後，年僅十歲的太子審即位為楚王，也就是楚共王。楚共王不像他的父親，沒有做出什麼轟轟烈烈的大事，性情也比較溫和，但是在他的五個兒子中，有三個性格卻是無比兇殘的，差一點就讓楚國陷入滅亡的絕境了。

在將近十年的南征北戰中，楚共王於西元前五六〇年去世，百官擁戴其長子熊昭在西元前五五九年登上楚王的位置，稱為楚康王。楚康王在位僅僅只有十五年，但這十幾年基本都是在戰爭中度過的，不僅北上中原和晉國爭霸，還要抵禦東面吳國對楚國的侵犯，眾多將士在兩面作戰中疲於奔命，這種局面對楚國來說是非常不利的。為了打破這種局面，在宋國的調和之下，同樣內外交困的晉國和楚國在西元前五四六年簽訂了停戰協議，建立平分霸權的盟約。

訂立盟約的第二年，楚康王去世，他的兒子繼承國君之位，為楚郟敖。而康王的弟弟公子圍是當時的令尹，掌管著朝廷大權。但是他並不滿足，在陷害兵馬大元帥之後，掌握了全國的軍權，這樣軍政大權都在他一個人手上，其野心，眾人皆知。之後他不管是自己外出還是接待其它使臣，一律都是採用君王的禮制。

楚郟敖在位的第四年因病臥床，公子圍將其勒死，這是西元前五四一年的事情。之後公子圍自立為楚王，改名為虔，成為楚靈公。他成為楚王的時候，正是晉楚兩國平分霸權的時候。

西元前五三八年，楚靈王決定在申地大會諸侯，但是晉、魯、衛都沒來，宋國也只有一個小代表，這惹怒了楚靈王。大臣勸諫靈王說：「已經來參加大會的諸侯王要以禮相待，這時候就可以展示我們雄厚的武力，讓他們對楚國心存敬畏，然後再征討沒有參加的諸侯。」但是靈王根本沒將他的話放在心上，驕縱之心外露，出言侮辱在座的各諸侯國的使臣，一些下屬更被無辜處死。這樣一場大會為楚國留下了禍根。

在對外政策上，靈公信奉強權，但同時也要為自己博取好聲名。在進攻吳國之後，俘虜了齊國令尹慶封。慶封之前殺死了齊莊王，所以跑到吳國避難。靈王將慶封遊街示眾，說：「慶封弒君，欺壓百姓，還強行讓大夫們都支持他，大家千萬不要向他學習。」但是慶封卻反唇相譏：「靈王殺死自己的侄子，還強行讓諸侯支持他，也是不能學習的。」這樣徹底惹怒了靈王，靈王當即就處死了慶封。

靈王崇尚武力，不斷征戰。借為陳國平叛的機會，他將陳國徹底的消滅了，還殺死了蔡靈侯。他不顧其它諸侯的意見強行攻打蔡國，並殺死其世子祭天。這時候吳國為了報仇，血洗朱方失敗的恥辱，開始興兵攻打楚國，靈王失敗後回到國都，既不整頓軍務，也不理朝政，卻開始大興土木，建造「章華宮」。章華宮建好之後，極盡奢華，還派人請各地的諸侯都來慶賀章華宮的建成。從此之後，靈王就只顧在章華宮盡情享樂，日夜笙歌，還為所欲為，逐漸失去了民心。

西元前五三○年冬季，楚靈王開始發兵攻打徐國，在乾溪駐紮。時值冬天，戰士身穿鐵甲在風雪中，十分寒冷。但是靈王卻穿著貂皮大衣，悠閒地觀賞雪景。跟著他的士兵都衣衫單薄地站在寒風中凍得發抖，這樣的對比，讓將士們心都寒透了。

　　將士們在外面飢寒交迫，但是靈王卻整天待在暖和的帳篷中吃喝玩樂。右尹鄭丹知道長此下去，一定會發生變故，所以勸靈王盡快班師回朝。本來靈王都答應了，但是恰好前方傳來捷報，這樣一來，靈王認為消滅徐國就指日可待。就在這時候，國內出事了。

　　趁著靈王不在，蔡公棄疾殺掉了靈王的兩個兒子，並且鼓動靈王的三弟和四弟發動叛亂，子比成為了新的楚王，子晳成為令尹，棄疾則成為掌管兵馬的司馬。這時候棄疾派人到乾溪鼓動楚國的官兵：「現在楚國已經換了君主，如果你們願意回去，可以保留原來的官職和土地。如果不願意回去，繼續跟著昏君，抓到之後就會誅滅三族。」靈王身邊的將士們早就不滿了，聽說之後，全部都回去了，只剩下靈王一個人留在乾溪。

　　靈王聽說自己的兒子被殺死之後，痛哭不已，這時候只有鄭丹在身邊。靈王問他該怎麼辦，鄭丹建議靈王先回到國都，看看人們的反應再作打算。可是靈王卻有自知之明，知道自己回去之後可定會被馬上殺死。鄭丹又建議他去尋找其它諸侯的幫助，但因為之前靈王將他們都得罪了，靈王知道他們也不會幫助自己。最後鄭丹也沒有其它的辦法來幫他，所以也離開了。

　　靈王一個人在山裡，想下山討點吃的東西。他一向驕奢淫逸，現

在身邊連一個人都沒有，想要點殘羹冷炙都找不到人家，羞憤交加之中，靈王自盡而死。

　　然而子比不知道靈王究竟是生是死，而棄疾猶在城外造謠說靈王已經率領大軍打回來了，還宣佈了他們的罪狀。子比的王位還沒坐穩，就急匆匆逃走了。在棄疾的恐嚇之下，子比和子皙雙雙自盡。這樣，在西元前五二九年，棄疾，也就是楚共王最小的兒子登上王位，就是楚平王。

費無忌亂楚

楚平王成為楚王之後，他讓太子和秦景公的女兒孟嬴，也就是秦哀公的妹妹定親，實現政治上的聯姻，達到聯合秦國來牽制晉國的目的。十三歲的長子建是當時的太子，大夫伍奢是太子的老師，即太子太師，而費無忌則是太子少師。太子比較尊重伍奢，對費無忌很厭惡。這樣費無忌就懷恨在心。他將所有的心思都放在楚平王身上，想方設法的討得平王歡心。

過了兩年，太子長到了十五歲，到了該成家的年紀了。這時候費無忌作為迎親的使者去秦國迎娶孟嬴。費無忌在見到孟嬴非凡的美貌之後，心生歹念。因為他一直對太子尊敬伍奢卻不理自己而懷恨在心，而且在平王去世之後，太子就會成為楚王，自己的地位就會不保，所以現在要千方百計地離間他們父子的感情。他打算先鞏固地位，再來對付太子。

在迎娶孟嬴回到楚國的路上，費無忌先回到楚國，對楚平王說：「秦女孟嬴是一個傾國傾城的美女，大王可以自己來迎娶她，至於太子，再隨便給他一個媳婦就可以了。」楚平王生性好色，一聽說孟嬴是個美女就馬上同意了。於是費無忌就對護送公主出嫁的使臣說，按照楚國的風俗，新娘要首先拜見公婆，然後才能舉行婚禮。說完就帶

著新娘子就進了皇宮。在拜見楚平王的時候，楚平王眼睛都看直了，於是就將孟嬴占為己有，將孟嬴身邊一個陪嫁的侍女當做秦國公主嫁給了太子。這下高興的不只楚平王，還有費無忌，因為這之後，楚平王就更加信任他了。

　　孟嬴被留在了楚平王的身邊，楚平王十分寵愛她，不久孟嬴就生下了一個兒子，取名為軫。儘管費無忌已經取得了楚平王極大的信任，但是還是擔心萬一哪一天太子知道了事情的真相，對自己肯定沒有好處。如果楚平王去世，太子肯定不會放過他。為了避免這種情況，所以他開始不斷在楚平王身邊說太子的壞話。

　　楚平王因為自己搶了兒子的媳婦，看著太子也很不順眼，所以聽了費無忌的話，讓太子離開國都，鎮守城父，這一年是西元前五二三年。這樣太子就離開了國都，名義上管理著方城以外的事務。然而在太子離開之後，費無忌就更加肆無忌憚地開始彈劾太子了。他對楚平王說：「現在太子已經知道您將他的媳婦搶走了，對您心懷怨恨，大王您要多加小心啊！現在太子在外面鎮守城邦，手裡拿著兵符，對外還可以和諸侯結盟，很有可能會造反啊！」聽了費無忌的這一番話，楚平王心中非常生氣，就把太子的老師伍奢叫過來責備他。伍奢知道費無忌一直在陷害太子，明知道站在太子這一邊會十分危險，但是他天性耿直，即便是遇到危險也不會昧著自己的良心說假話，所以他對楚平王直言不諱地說道；「大王您不相信自己的至親骨肉卻要相信一個小人的讒言嗎？」平王聽了之後，默然無語，讓伍奢退下了。

　　費無忌知道這件事情之後，也佩服伍奢的厲害，但是又擔心楚平

王信了伍奢的話，那麼自己的小命就完了。所以一不做，二不休，乾脆在楚平王面前污蔑太子和伍奢借助齊國和晉國的力量，正準備發動叛亂。楚平王馬上就把伍奢抓起來了，還讓司馬奮揚去城父將太子殺死。但是奮揚知道太子是無辜的，所以派人暗中將這件事情告訴了太子，這才慢吞吞地上路了。等到奮揚到達城父的時候，太子早就逃到了宋國。奮揚讓城父的大夫將自己押送回國都請罪。楚平王問他：「我親自對你下令，這件事情就只有我們兩個人知道，太子怎麼會知道的？」奮揚承認是他偷偷地告訴了太子，他說；「您曾經對我說過，對待太子就要像對待大王您一樣。我沒有什麼才幹，不敢三心二意，所以按照您之前的吩咐來做，不忍心按照您後來的命令來做，所以把太子放跑了，現在追悔莫及。我沒有完成您給的使命，如果再次逃跑的話就是第二次違抗您的命令了，所以特地回來請罪。」楚平王聽了之後很無奈，於是讓他去城父做了父母官。

伍奢雖然被關起來了，但是費無忌考慮到他還有兩個兒子，武功都很不錯，如果不斬草除根的話，一定會留下禍害。所以費無忌對楚平王說：「伍奢被關起來了，他的兩個兒子肯定會心懷不滿，殺了他留下兩個兒子肯定是個禍害，但是不殺伍奢，太甌子得到伍奢就如虎添翼了。倒不如用伍奢把他的兩個兒子騙過來一起殺了。」楚平王同意了費無忌的說法，於是對伍奢說：「你現在馬上讓你的兩個兒子回來。如果他們都回來了，你就可以免除一死；如果他們不來，就等著為你收屍了。」

伍奢知道費無忌想要將他們斬草除根，但是他知道兩個兒子的為人處事是兩種不同的態度，伍尚宅心仁厚，知道自己如果來了能是父

親免於一死就一定回來；伍子胥能文能武，聰明有謀略，知道來了會死，是絕對不會來的，所以回覆給楚平王說只有一個會來。楚平王問為什麼只有一個來，伍奢說：「伍尚很孝順，知道來了能免我一死肯定回來，但是伍子胥長於謀略，他知道來了一定會死，所以不會來。如果他不來，一定會引起楚國的一場災禍。」

楚平王卻不聽這些道理，馬上派人讓伍氏兄弟回來。伍尚聽說之後馬上就要回去，但是伍子胥知道這樣並不能救出父親，反而會搭上他們兩兄弟的命，於是就告訴伍尚這是想要對他們一網打盡的計謀。不如現在逃到其它的諸侯那裡，尋找機會報仇。伍尚陷入了左右為難的境地：自己去了父親可以不死，不去就是不孝；但是父親含冤而死無人報仇就是沒有智謀。所以伍尚對伍子胥說：「報仇的事情你比我強，你就先逃吧，我去陪著父親一起死。」自己跟著使者回去了，而伍子胥則逃走。伍奢聽到這個消息之後，不禁歎了一口氣說：「子胥逃走了，楚國就要面臨災難了。」伍尚和其它人聽到後都流淚了。

因為費無忌的迫害，伍子胥家破人亡，最終他實現了要報仇雪恨的誓言。楚平王死後伍子胥還挖開了他的墳墓，鞭打他的屍體，而費無忌也被楚國的王族滅了族。

昌明文庫·閱讀歷史 A0604003

一口氣讀懂史記故事　中冊

主　　編	劉曼麗	
責任編輯	蔡雅如	

發 行 人　陳滿銘

總 經 理　梁錦興

總 編 輯　陳滿銘

副總編輯　張晏瑞

編 輯 所　萬卷樓圖書股份有限公司

排　　版　菩薩蠻數位文化有限公司

印　　刷　百通科技股份有限公司

封面設計　菩薩蠻數位文化有限公司

出　　版　昌明文化有限公司

桃園市龜山區中原街 32 號

電話 (02)23216565

發　　行　萬卷樓圖書股份有限公司

臺北市羅斯福路二段 41 號 6 樓之 3

電話 (02)23216565

傳真 (02)23218698

電郵 SERVICE@WANJUAN.COM.TW

大陸經銷

廈門外圖臺灣書店有限公司

　電郵 JKB188@188.COM

ISBN 978-986-94911-1-2

2018 年 1 月初版二刷

2017 年 5 月初版

定價：新臺幣 320 元

如何購買本書：

1. 劃撥購書，請透過以下郵政劃撥帳號：

　帳號：15624015

　戶名：萬卷樓圖書股份有限公司

2. 轉帳購書，請透過以下帳戶

　合作金庫銀行　古亭分行

　戶名：萬卷樓圖書股份有限公司

　帳號：0877717092596

3. 網路購書，請透過萬卷樓網站

　網址 WWW.WANJUAN.COM.TW

大量購書，請直接聯繫我們，將有專人為您
服務。客服：(02)23216565 分機 10

如有缺頁、破損或裝訂錯誤，請寄回更換

版權所有·翻印必究

Copyright©2018 by WanJuanLou Books CO., Ltd.

All Right Reserved　　　　Printed in Taiwan

國家圖書館出版品預行編目資料

一口氣讀懂史記故事 / 劉曼麗主編. -- 初版.
-- 桃園市 : 昌明文化出版 ; 臺北市 : 萬卷
樓發行, 2017.05　冊 ;　　公分. -- (昌明文庫.
閱讀歷史 ; A0604003)

ISBN 978-986-94911-1-2(中冊 : 平裝). --

1.史記 2.歷史故事

610.11　　　　　　　　　　　　106008390

本著作物經廈門墨客知識產權代理有限公司代理，由中國紡織出版社授權萬卷樓圖書
股份有限公司出版、發行中文繁體字版版權。